汉语教学学刊

HANYU JIAOXUE XUEKAN

北京大学对外汉语教育学院　主办
《汉语教学学刊》编辑部　　编

庆祝北京大学对外汉语教育学院建院二十周年

2022 年
（增刊）

图书在版编目 (CIP) 数据

汉语教学学刊 . 2022 年增刊 /《汉语教学学刊》编辑部编 . — 北京：北京大学出版社 , 2023.5
ISBN 978-7-301-34024-0

Ⅰ . ①汉… Ⅱ . ①汉… Ⅲ . ①汉语 – 对外汉语教学 – 丛刊 Ⅳ . ① H195-55

中国国家版本馆 CIP 数据核字 (2023) 第 088944 号

书　　　名	汉语教学学刊・2022 年增刊 HANYU JIAOXUE XUEKAN・2022 NIAN ZENGKAN	
著作责任者	《汉语教学学刊》编辑部　编	
责 任 编 辑	赵明秀　邓晓霞	
标 准 书 号	ISBN 978-7-301-34024-0	
出 版 发 行	北京大学出版社	
地　　　址	北京市海淀区成府路 205 号　100871	
网　　　址	http://www.pup.cn　　新浪微博：@ 北京大学出版社	
电 子 邮 箱	zpup@pup.cn	
电　　　话	邮购部 010-62752015　发行部 010-62750672　编辑部 010-62752028	
印 刷 者	北京虎彩文化传播有限公司	
经 销 者	新华书店	
	787 毫米 ×1092 毫米　16 开本　11 印张　240 千字 2023 年 5 月第 1 版　2023 年 5 月第 1 次印刷	
定　　　价	42.00 元	

未经许可，不得以任何方式复制或抄袭本书之部分或全部内容。
版权所有，侵权必究
举报电话：010-62752024　电子邮箱：fd@pup.cn
图书如有印装质量问题，请与出版部联系，电话：010-62756370

目 录

现代常用汉字文字学分类研究 ·· 李大遂 1

汉语学术期刊论文中"进行"类形式动词句研究 ····················· 宫 雪 汲传波 18

汉语学习者三合元音声学分析和母语者评估实验 ·················· 王 璐 姚昭璞 33

讲透汉语知识,讲好中国故事——国际中文教育时代的语言要素教与研问题
·· 李红印 46

汉语写作教学结构和过程应用模型研究 ····················· 周梦圆 郑艳群 55

互动教学与自主学习——CANVAS＋翻转课堂教学模式的尝试 ············ 刘晓南 68

汉语国际教育专业学生学术论文引言分析 ································· 辛 平 79

论汉语国际教育硕士文化类学位论文选题的价值立场 ···················· 李 丽 89

汉语国际教育专业硕士学位论文选题及研究方法调查研究
——北京大学对外汉语教育学院近五年专业硕士学位论文选题分析
·· 郭素琴 韩佳蓉 宫 雪 97

基于《国际中文教育中文水平等级标准》的立体化教学资源建设 ··········· 刘立新 116

新加坡中学华文教材语法内容革新论略 ···················· 刘振平 任舒华 李倩颖 124

欧盟多语言政策演变与海外中文推广策略 ·································· 韩 曦 138

全国研究生汉语教学微课大赛语法类获奖作品分析 ························· 李海燕 149

ABSTRACTS …………………………………………………………………… 160

《汉语教学学刊》稿件体例 ………………………………………………… 167

CONTENTS

Research on the Philological Classification of Modern Common Chinese Characters ·· LI, Dasui 1

A Study of Sentences with Dummy Verb *Jinxing*(进行) in Chinese Research Articles ·· GONG, Xue & JI, Chuanbo 18

Acoustic Analysis of Triphthong of Chinese Learners and Native Speakers' Assessment Experiment ····················· WANG, Lu & YAO, Zhaopu 33

How to Better Deliver Chinese Language and Stories of China: The Teaching and Researching of Language Elements in the Era of International Chinese Education ··· LI, Hongyin 46

Research on the Empirical Model of Structure and Process of Chinese Writing Teaching ································ ZHOU, Mengyuan & ZHENG, Yanqun 56

Interactive Teaching and Autonomous Learning: The Attempt of CANVAS+Flipped Classroom Model ··· LIU, Xiaonan 69

Analysis of the Introduction Chapters of the Academic Papers by Teaching Chinese to Speakers of Other Languages Students ································ XIN, Ping 80

The Value Position of Master of Teaching Chinese to Speakers of Other Languages Cultural Degree Theses Topics Selection ···················· LI, Li 90

Investigation and Research of the Topic Selections and Resesrch Methods of Master's Degree Theses for Teaching Chinese to Speakers of Other Languages Students: An Analysis of the Topic Selections of Professional Master's Degree Theses in the School of Chinese as Second Language of Peking University in Recent Five Years
······ GUO, Suqin; HAN, Jiarong & GONG, Xue 98

The Construction of Multidimensional Teaching Resources Based on the *Chinese Proficiency Grading Standards for International Chinese Language Education*
······ LIU, Lixin 117

A Brief Discussion of the Innovation of Grammatical Content of Chinese Textbooks in Singapore Secondary Schools
······ LIU, Zhenping; REN, Shuhua & LI, Qianying 125

The Development of Multilingualism in European Union and the Strategies of Chinese Language Promotion Overseas ······ HAN, Xi 139

Analysis of Grammar Teaching Prize-winning Works in National Postgraduate Chinese Teaching Micro-course Contest ······ LI, Haiyan 150

ABSTRACTS ······ 161
Stylistic Rules and Layout of *Journal of Chinese Language Studies* ······ 168

现代常用汉字文字学分类研究[*]

李大遂

北京大学对外汉语教育学院

提　要　汉字教学需要了解汉字的理据,理据与造字法密切相关。文章依据传统"六书"理论,对现代常用汉字进行文字学分类。第一部分,阐述本研究的意义、理论依据和原则方法;第二部分,以数据表格形式展示现代常用汉字文字学分类结果;第三部分,对现代常用汉字文字学分类表提供的数据作进一步分析。

关键词　现代常用汉字　文字学　分类　六书　理据　汉字教学

一　关于现代常用汉字文字学分类表的研制

1.1　研究缘起

由于汉字研究或汉字教学的需要,人们往往要对某一范围的汉字进行分类。目的不同,分类的方法也不同。比如,依据常用度分,国家语言文字工作委员会先后有《现代汉语常用字表》《现代汉语通用字表》《通用规范汉字表》。再比如,从教学和教材编写角度着眼,国家汉语国际推广领导小组办公室(简称"国家汉办")编制了《汉语水平词汇与汉字等级大纲》,将大纲所收汉字分为甲、乙、丙、丁四个级别。

本文以"六书"理论为指导,从基础汉语教学需要出发,依据现代汉字外部结构、内部结构分析结果,对常用汉字进行文字学分类。

一般来说,识字量是衡量汉语学习者水平的重要标志,汉语教学最重要的任务是教学生尽可能多地学习掌握汉字。不过,在汉语教育界存有一种比较普遍的看法——汉字难教难学。难在什么地方呢？难在汉字数量多,难在汉字的形、音、义难记。如何加强学

---

[*]　本文为作者出席埃及苏伊士运河大学举办的"首届埃中语言与文化论坛"(2012)时提交的论文。成稿后进行过多次修订,特别是第二部分"现代常用汉字文字学分类表"。为现代常用汉字做文字学分类,是一个学术性很强且很细致的工作,限于作者水平,难免有错误不妥之处,欢迎同行专家批评指教。

习者记忆？怎样缩短学习者记忆的时间？心理学实验表明，理解记忆的效果要比机械记忆的效果好许多。所以，比较好的办法，是让学生在理解的基础上进行记忆。所谓理解，就是学习者对所学的东西知其然，亦知其所以然。对于汉字教学来说，"知其然"指学习者知道一个汉字的写法、读音、意义，是汉字教学的目的；"知其所以然"指学习者知道一个字之所以这样写、这样读、这样用的依据，即理据。汉字的理据是科学理解记忆汉字的基础和前提。解决汉字难学难记的最根本的办法，就是利用汉字的理据推展汉字教学。所谓利用理据推展汉字教学，就是简明扼要地把汉字构形、读音、意义的理据揭示给学习者，从而加快学习者对汉字形音义的理解记忆。利用理据，不仅可以提高单字教学的效率，降低汉字学习难度，还可以迅速提高学习者系统掌握汉字的能力。

有关汉字的理据的由来、现代汉字理据存续状况、利用理据推展汉字教学的实际效果和汉字理据的维护问题，李大遂（2011）已有所论述，此不赘述。本文旨在通过编制现代常用汉字文字学分类表，逐一为常用汉字做文字学意义的定位，使汉字教学双方了解现代常用汉字的字理属性；同时分析现代常用汉字理据存续状况，使汉字教学双方对汉字理据的存续状况心中有数，提升教师利用理据进行汉字教学的信心与自觉性。

1.2　现代常用汉字文字学分类的理论依据

汉字的理据是怎么来的？是以仓颉为首的无数造字者赋予的，是经许慎《说文解字》一书的归纳揭示而凸显的。从系统论来说，汉字是一个庞大的人造系统，古往今来，造字者造字都是有理据的。每个汉字具有什么样的理据，取决于造字者采用的造字方法。造字法不同，造出来的字理据就不同。

"六书"是中国古代汉字学家归纳出来的六种基本造字方法：象形、指事、会意、假借、转注、形声。在这六种造字方法中，"本无其字，依声托事"的假借，没有造出新的字形，但借一个既有字形记录无专字表示的词，等于造了一个字，故被称为"不造字的造字法"。因此，"六书"之中，真正造出字形的是象形、指事、会意、转注、形声五书。由于一个字被借来表示假借义时是没有理据的①，所以，只有象形、指事、会意、转注、形声五类文字是有理据的。在这五书之中，人们对象形、指事、会意、形声四书比较熟悉，对于什么是转注，连文字学家也是众说纷纭，莫衷一是。不过，近二三十年学界对这个问题的研究有了突破性的进展，转注的真面目逐渐明朗了。

汉字造字法的发展大体分为五个阶段：象形、指事→会意→假借→转注→形声②。汉字发展到假借广泛使用阶段，以形表意的文字逐渐记号化，表意能力大大削弱。同时，文字在使用过程中大量出现引申义和假借义，造成一字兼职过多的现象，也极大地影响了文字表意的明确性。为了维护汉字的表意性，人们发明了转注造字法。许慎《说文解字·叙》对转注的界说是"建类一首，同意相受"。其含义是：建立一系列表示事物类别的类符(表义偏旁),以一个原来记录某词使用的形、音、义兼备的文字为字首(表义兼表音偏旁),遇到类符字表示的意义与字首字表示的意义相同、相通或相关时,就互相接受,组合成新字。由于用这种方法造字,是把类符字的形、义和字首字的形、音、义同时转移到一个新字中去,类符与字首在表示新字字义方面,互相灌注,互相标识,故名之为转注。简单地说,转注是一种为原来使用的文字添加表义偏旁的造字方法,用这种方法造出来的字就是转注字。如:"蛇"甲骨文作"𠁕(它)",小篆作"𧊔",是象形字,后加"虫"作"蛇";"溢"甲骨文作"𥁕(益)",小篆作"溢",是会意字,后加"氵(水)"作"溢";"婚"甲骨文作"𣞤(昏)",小篆作"婚",是会意字,后加"女"作"婚"。"蛇""溢""婚"分别是"它""益""昏"的转注字。我们称"它""益""昏"这样原来记录某词使用的文字为"字首",称"虫""氵(水)""女"这些后来添加的表义偏旁为"类符"。转注字造出以后,或标识字首字的本义,或标识字首字的引申义,或标识字首字的假借义。在表义方面,转注字比字首字更全面、更精密、更明确。在转注字中,类符表示事物的类别属性,字首所表示的一般都是该转注字的核心义素。类符在转注字中只表义,而字首字则既表义又表音。从语言学角度说,形、音、义是文字的三个要素。如果说字首在形、义两方面与类符对比,二者地位不相上下,而加上字首兼表读音这一因素,就使它在转注字中处于主导的地位了。故字首是转注字的根本,是转注字的源头。考虑到以上这些情况,在梳理文字系统的时候,应当以字首为转注字孳乳的主要线索,称由某字首转注而成的一系列新字为某字首的转注字,如:"授"是"受"的转注字,"苹""坪""枰""评""䴗"是"平"的转注字。可见,转注字就在一般所谓的形声字之中。也就是说,一般所谓形声字是由两种不同造字方法造出来的,一部分是用"建类一首,同意相受"的转注造字法造出来的,表音偏旁兼表义;一部分是用"以事为名,取譬相成"的形声造字法造出来的,表音偏旁只表音不表义。转注是为了维护汉字的表意性而发明的造字方法,但客观上却大大加强了汉字的孳乳分化能力,成为汉字造字的大法[3]。在汉字研究史上,逐一具体认定转注字者,似乎只有姜忠奎。姜氏著《说文转注考》,以六百余文系联《说文》之中的转注字。三十余年前,本文作者在完成硕士学位论文《说文转注名实论》之际,草成"说文转注字谱",收转注字近1700个。本文在既有研究之上,尝试在常用汉字范围内,将转注字从一般所谓形声字中明确分离出来,希望能为教学和研究提供参考。

说到"六书",不能不谈到清代戴震、段玉裁等的"四体二用说"和陈梦家(1956)、唐兰(1981)、裘锡圭(1988)等的"三书说"。"四体二用说""三书说"似乎都是有感于"六书说"比较复杂,特别是转注一书面目未明,从而发明的新说。"四体二用说"可以说是一种便宜之说。其将"转注"解释为"互训",连同"假借",称为用字之法,即所谓的"二用"。这样,造字法只剩象形、指事、会意、形声四书,称之为"四体"。用"四体"分析汉字结构似乎方便省事，所以此论一出，为当时及后世很多学者所接受，例如王筠的《说文释例》、王力主编的《古代汉语》、黄伯荣、廖序东主编的《现代汉语》，都用"四体二用说"解释汉字的造字方法。这样解释方便倒是方便，简单确是简单，可惜有违事实，且产生了新的问题。"四体二用说"一方面彻底否定班固"六书"为"造字之本"的论断，另一方面催生出"形声兼会意"或"会意兼形声"这样两可的文字类别。唐、陈、裘三家的"三书说"虽各不相同，但大同小异。出发点也是想进一步简化，以便于分类。在科学上，对复杂的事物做过于简单化的处理，往往会使研究本身的意义大打折扣。"三书说"因分类太宽，在教学上特别是在让学习者科学把握汉字系统性方面，意义不大。如果想在教学上产生切实作用的话，还要做进一步分类。如果要对三类文字再做进一步分类，结果会比原来的"六书"还复杂。

"六书"理论是适应汉字构形、汉字学习的需要而总结出来的。虽然"六书"理论不能适用于分析每一个现代汉字（不可能有一种造字法理论能适用于分析每一个现代汉字），但它是经过几千年实践检验，被证明是最完善、最符合汉字发展实情的理论。在汉字的发展中，新字的创造、字形的整理和规范，都以"六书"理论为依据；在汉字的研究中，考释古文字、推寻字源，常以"六书"理论为桥梁；在汉字的教学中，教师和学生常以"六书"理论为指导。"六书"理论至今仍是全面系统地认识汉字、研究汉字的钥匙。所以，汉字研究、汉字整理、汉字教学将"六书"理论作为指导理论是不二选择。

1.3 关于常用汉字文字学分类技术性问题的说明

对现代常用汉字进行文字学分类，是为基础汉语教学服务的。因此，本研究将考察分类的范围限于现代汉语常用字。现代常用汉字文字学分类表收《汉语水平词汇与汉字等级大纲》和《现代汉语常用字表》所收录的常用汉字 3535 个。以造字法为经，以汉字常用等级为纬，为每一个现代常用汉字定位，以表格形式展示现代常用汉字的理据存续状况，同时展示现代常用汉字常用级别。

根据"独体为文，合体为字"的界定，我们首先将汉字分为独体字和合体字两大类。独体或合体的认定，主要从现代汉字字形出发。有些字则需要采用字形溯源方法，借助古文字，发现其形义相关的理据。原本就是独体的象形字或指事字，现代字形还是独体，自然归入独体字。如"山(⛰)、水(〣)、鸟(鳥)"等象形字和"上(⼆)、下(⼆)、刃(⼑)"等指事字。现代字形貌似合体而与古字形承继关系明显便于溯源者，仍视为独体象形字、指事字，如"能(🐻→能)燕(🕊→燕)足(⾜→足)"等象形字和"孔(孑)本(朩)三(三)"等指事字。有些原本是独体象形字，形体演变至今，形为合体而偏旁间没有一点内部结构关系，只能作为无理据字归入合体记号字，如"齐(禾)、朋(朋)、享(亯)"等字。有些字因笔画交叉或连接到一起，表面上是独体字，但从造字理据上说是合体字，这时则要考虑如何归类才能有利于教学。如"秉、兼、及、丈、失"五字，仅就现代字形看，都可视为独体字。而依《说文》"秉、兼、及、丈"是会意字，"失"是形声字。"秉（秉）"，从手持禾会意，"兼（兼）"从手持二禾会意，"及（及）"从又从人会意（手及于人），"丈（丈）"从手持十会意，"失（失）"从手乙声。"秉、兼、及"三字理据清晰，可得而说，从字形上也容易理解，可承继传统做法，将这三个字归入合体会意字。而"丈、失"二字的字形已难于与理据联系，只能归入独体记号字。

　　为某个文字作文字学分类定位，依据的是其理据。要考察一个字的理据，就要涉及依据什么判断其有无理据，而且依据要确实可靠。汉字的理据是成千上万的造字者赋予的，是通过许慎《说文解字》等语言学著作总结揭示出来的。现代常用汉字文字学分类表的编制，主要依据古今汉字学论著对汉字的说解。这些文献资料主要来自三个方面：一是《说文》书系著作，如许慎的《说文解字》、段玉裁的《说文解字注》、王筠的《说文释例》、桂馥的《说文解字义证》、朱骏声的《说文通训定声》等；二是现当代海内外著名字典，如汉语大字典编辑委员会编纂的《汉语大字典》、曹先擢、苏培成主编的《汉字形义分析字典》、高树藩编纂的《中文形音义综合大字典》、尾崎雄二郎等编的《角川大字源》、吕景和等编的《汉字古今形义大字典》、谷衍奎编的《汉字源流字典》等；三是当代著名的汉字学著述，如裘锡圭的《文字学概要》、邹晓丽的《基础汉字形义释源——〈说文解字〉部首今读本义》、黄德宽主编的《古文字谱系疏证》等。某些字的说解各家互有出入，择善而从。

　　对常用汉字进行文字学分类，主要依某个现代汉字字形结构是否还能联想到其造字理据来决定。汉字的理据体现在形、音、义三个方面，可分为构形理据、读音理据、意义理据。早期的象形字、指事字，基本上是以整体字形表义，具有构形理据和意义理据，其理据一般是通过字形溯源看出来的。如象形字"人、口、目、耳"，甲骨文分别写作人、口、目、耳，可直接溯源来明其理据，归入象形字。像"无、由"一类独体字，连许慎、段玉裁都说不清其理据，只能作为无理据字进行归类。会意字、转注字、形声字以偏旁表义、表音或表义兼表音，具有意义理据和读音理据，其理据是通过偏旁之间的内部结构关系看出来的。会意字的偏旁都表义，如"明"从日从月会意，"寇"从宀从元从攴会意，应该归入会意字；转注字类符表义，字首表义兼表音，如"胞、抱、饱、泡、孢、炮、袍、疱、雹"诸字，分别以偏旁"月（肉）、扌（手）、饣（食）、氵（水）、子、火、衤（衣）、疒、雨"表义，同用"包"表义兼表音，应该归入转注字；形声字形符表义，声符表音，如"松、柏、桃、梨、槐、柱、板"诸字，他们都用"木"表义，分别用"公、白、兆、利、鬼、主、反"表音，应该归入形声字。少数字因形音演变等原因，部分理据尚存，部分理据丢失。如"春"，金文、小篆分别写作萅、萅，是从艸从日屯声的形声字，隶变楷化后写作"春"，"日"表义，"𡗗"成为构形记号，就归入义系半记号字。又如"服"，金文、小篆分别写作服、服，隶变楷化后写作"服"，表义偏旁"舟"讹变为"月"，成为构形记号,偏旁"𠬝(fú)"仍可表义兼表音,就归入音系半记号字。

简化汉字大约占通用汉字的三分之一,在常用字中的比例还要更大些。能否处理好简化字的文字学分类,关系到整表是否具有实用性。繁体字有理据,大部分简化字也有理据。简化字的理据是历史上造简化字的人赋予的,我们依据简化字的理据为其归类。归纳历史上的汉字简化方法,大体有行草书字形楷化、采用古字、更换偏旁、局部删改、同音音近或异音代替、另造新字和简化偏旁类推七种。其中简化偏旁类推、更换偏旁和另造新字(指抛开原字字形而造新字)三类是理据性最强的。《简化字总表》通过偏旁类推方法简化了1752个合体字,这些字也是可以溯源繁体字形归类的。如"鬧、驅、鱸、綸"四字分别简化为"闹、驱、鲈、纶",虽然偏旁的形体简化了,但理据没有变,造字法没有变,不妨碍我们将"闹"归入会意字,将"纶"归入转注字,将"驱""鲈"归入形声字。某些字经过演变简化,或更换偏旁,或另造新字,可以依简体字形判断是否具有理据,从而进行分类。如"笔"的繁体作"筆",从竹聿声,聿兼表义,是转注字;简化后作"笔",从竹从毛,是会意字,就归入会意字。"双"的繁体作"雙",从又(手)从二隹会意,是会意字;简化时另造新字"双",从二又(手),也是会意字,仍归入会意字。采用古字、行草书字形楷化、局部删改的三类简化字也有大约一半尚有一定理据。采用古字的简化字,如"须、气、云、网、队",通过溯源可以看到它们的理据,"气(气)、云(云)、网(网)"是象形字,就归入象形字;"须(須)、队(队)"是会意字,就归入会意字。行草书字形楷化的简化字,大部分归入记号字或半记号字,如"为、书、东、乐"归入独体记号字,"临、归、当、庆"归入合体记号字,"层、尧、盖、誉"归入义系半记号字,"乔、奖、养、尝"归入音系半记号字,"伞、乌、马、龟"等保留轮廓,能据形联想,则归入象形字。局部删改的简化字,有些归到合体记号字中,如"备、亲、虽、总";有些归到独体记号字中,如"严、习、业、乡";有些归到义系半记号字中,如"条、际、显、务";有些归到音系半记号字中,如"准、声";有些归入会意字,如"灭、宝、伞、枭";有些归入形声字,如"恳、垦、点、悬";有些归入象形字,如"飞"。

本研究虽是对现代常用汉字进行文字学分类,但兼顾古义、古音。汉字是历史的产物,是中华语言文化的"化石",兼顾古义、古音,在传承汉字文化方面具有不可低估的作用。所以,分类的时候,凡从历史文化角度看可以表义的,就视为有意义理据,如"斩"现代意义是"砍杀",与"车""斤"的现代意义无关。因为古代杀人用车裂或用刀斧砍腰砍头,"斩"仍列入会意字。凡从音理上讲得通的,就视为有读音理据,如"匿、腻、溺"三字,依据"娘日二纽归泥"的语音演变规律,仍作为形声字收入。这里我们没有考虑表音度和表义度高低问题。因为推展汉字教学需要表音偏旁的读音信息和表义偏旁的意义信息。有一点就利用一点,利用一点,教学的困难就小一点。高的话会得心应手,低的话也许更显其珍贵。

二 现代常用汉字文字学分类表

关于此表有几点说明:(1)本表收《汉语水平词汇与汉字等级大纲》和《现代汉语常用字表》所收现代常用汉字 3535 个;(2)先按汉字外部结构关系分为独体、合体两大类,然后按字理属性分为象形、指事、会意、转注、形声、义系半记号、音系半记号、独体记号、合体记号等九类,再依《汉语水平词汇与汉字等级大纲》将各类大纲字分为甲、乙、丙、丁四级,同时设纲外常用一级,收《现代汉语常用字表》收录而《汉语水平词汇与汉字等级大纲》未收的常用字;(3)各类各级汉字按读音顺序排列,读音相同按笔画多少顺序排列;(4)本表左侧三列括号中的数字,"/"前为该类常用汉字数量,"/"后为《汉语水平词汇与汉字等级大纲》内该类汉字数量;(5)本表成稿十多年来,进行过多次修订,曾作为资料收入第三版《简明实用汉字学》和《对外汉字教学参考资料》,此为最新修订版;(6)有关本表每一汉字分类具体依据,可参阅本文作者的《汉字联想字典(中英文准双解)》《汉字字理字典》,二书即将出版。

表 1 现代常用汉字文字学分类表

外部结构	字理属性	常用等级				
		甲级字(800)	乙级字(804)	丙级字(601)	丁级字(701)④	纲外常用字(629)
现代常用汉字(3535/2906) 独体字(282/267)	象形字(209/195)	白不才厂车大单刀弟电儿而方飞非丰夫父干高个工广果行互户回火几己见交角斤九久口来了离力立六马毛么门米面民母目南能牛女片其气且求人日肉山舍身生示手首术束水四它天文我五午西小心辛言羊也页衣易尤又鱼雨元月云只中子自足(104)	巴卜册虫帝斗豆耳凡革瓜乎壶虎巾京井巨龙矛兔木鸟皮欠入伞勺升石士丝田土兔王网未象血牙羽止竹(45)	丙丑串卤丁弓甲卵眉曲申氏兽瓦亚燕乙予(18)	凹贝臣辰川歹丹戈龟函禾鹿昌乃犬尸鼠凸屯乌勿夕熏曰爪兆舟州(28)	匕巢鼎甫丐亥韭臼卤皿矢夭乍卒(14)

续表

外部结构	字理属性	常用等级				
		甲级字(800)	乙级字(804)	丙级字(601)	丁级字(701)④	纲外常用字(629)
独体字(282/267)	指事字(21/21)	八本二七三上十下一(9)	叉尺寸孔甩玉(6)	甘末朱(3)	刁刃亦(3)	
	独体记号字(52/51)	必产东发更今开乐两买年农史市事书头万为习幸业永用长之直重(28)	击夹丽良令失肃卫无乡严由于与丈专(16)	斥匆垂尔丘丧丸(7)		吏(1)
现代常用汉字(3535/2906)	合体字(3253/2639)	会意字(354/321)	安班般北比笔便别步朝出初穿床吹次从等典丢段对多法烦反分封负改告哥各公国寒好合黑后划画或集计加家间件建解介局卡看科哭困里利连名明拿男内器秋取全容色设社食世是树双死宿算讨体同突外屋希喜夏先相向些信休须阳医宜已因阴赢友有右育占章找正支周祝族左坐做(120)	败拜宝闭辟扁兵标采充闯臭此呆吊断队付古官冠光规灰获及即季既尖肩竟绝军肯泪料林另脉美梦棉灭某闹弄盘品乒乓妻奇企启弃穷染弱森杀沙傻闪扇射守司套甜歪尾委武析悉鲜闲兄寻央叶益引印余灾赞折阵制众逐庄尊(95)	罢蚕尘旦兑罚番粪宫谷汇兼焦筋库昆牢隶帘劣苗蔑鸣牧奴凭顷辱若删涉甚圣耍宋孙索妥威卧咸卸凶旋旬岩艳窑饮狱御冤匀宗(54)	掰斑秉驳岔昌畜炊兜伐伏赫惠霍吉脊茧柬匠皆劫戒晶君寇履枚绵尿彭频雀乳桑屎竖爽巫孝崤穴炎衍役殷盈孕岳宰枣灶斩(52)	泵彪濒蠢吠焚羔羹箍夯宦棘祭楞觅虐卿囚闺黍庶崇昙彤器玄奄昝夷逸肘尋赘(33)
		转注字(981/764)	把百包饱抱被遍菜唱晨城持窗词答但得低第定锻顿富福歌故馆惯喊很花化急继假驾	岸按案傲傍榜膀背壁避编冰伯薄藏策曾插倡承翅崇传刺挡德底递订渡端繁忿纷粉份	癌扒伴瓣胞爆甭辩波剥勃博残舱潮撤撑唇蠢窜搓诞诋恶返峰缝纲岗	艾昂澳捌笆霸扮谤雹堡蹦鄙弊贬辨辫簸埠睬糁狷敞嘲惩秤痴侈耻绸畴踌稠锄搐锤	庵鞍懊耙靶苞褒區彬鬓跛簿权茬衩澈逞淳醇祠篡裆佃甸碉谍锭痘墩盹钝踱扼愕鳄筏

续表

外部结构	字理属性	常用等级				
		甲级字(800)	乙级字(804)	丙级字(601)	丁级字(701)④	纲外常用字(629)
现代常用汉字(3535/2906)	合体字(3253/2639)	转注字(981/764)	坚践教饺叫界紧经酒就句考快览老例俩联辆留流楼论卖满慢忙冒帽奶你您爬派篇漂评苹汽钱浅桥切确如散少深神什拾使始试视室收舒输熟睡说太堂庭停通忘危围位舞误洗息现想像校姓许眼宴谊意迎影泳游愉原圆院愿在咱增张照整政知主桌字祖嘴最作座(146)	蜂逢否浮咐杆港捆功攻供骨鼓贯鬼毫盒贺恨厚呼慌皇婚伙货稼捡剪降郊骄诫警敬境纠俱卷均菌砍抗颗扣跨捆扩懒励恋列烈铃漏轮萝律秒妙命摸漠墨磨慕耐脑泥扭判盼胖炮捧披疲飘拼坡泼普悄趣圈缺却燃忍荣撒稍蛇伸牲狮授叔刷顺私撕台探烫梯桶托拖挖微违慰温伍线械型性胸熊修讯训迅沿仰腰摇咬依仪议姻营悠援源暂遭涨招哲征睁证值植址致终株筑抓转仔综醉遵(195)	膏钩裹旱焊憾豪狠衡患荒煌晃魂疾辑嫁碱贱鉴胶捷鲸径灸矩聚倦刊枯窟筐愧廓姥裂淋陵隆垄逻锣瞒漫盲氓茅闷蒙盟眯谜眠寞墓幕欧趴攀畔袍泡臂贫葡漆恰腔侨翘俏倾娶拳壤饶溶柔揉塞骚纱赏哨盛蚀梳衰伺饲搜滩纹诬稀媳峡陷削淆墟悬芽崖淹掩伊毅婴蝇涌幼渔愚域裕愈怨悦晕躁赠宅债盏仗帐胀障浙振震挣枝智忠衷骤嘱砖纵(177)	磋蒂缔淀碟叮舵讹恩贰阀帆贩诽芬锋敷俘辐斧赋竿秆阁恭躬拱棺闺郭罕葫徊绘贿谎俭娇绞轿诫锦茎颈拘鞠菊掘凯炕哨抠旷框眶勒垒莲链磷琉陋滤抡笋螺芒茫毽玫镁昧萌渺铭蘑沫莫拇姆暮穆纳恼尼逆纽钮呕叛刨烹坯劈僻屏萍颇埔浦谱瀑歧掐洽钳遣嵌怯券榷仁韧熔瑞砂厦裳捎梢怂谡漱穗隧瘫潭碳膛涛滔陶屉剃湾惋妄桅伪窝熄隙狭霞贤弦衔馅镶祥肖销挟谐屑薪腥汹羞嗅酗蓄喧巡汛逊妖淫鹰颖佣庸咏幽诱舆榆欲喻韵蕴攒葬噪眨榨寨彰辙侦肢脂蜘挚洲瞩缀酌啄琢滋籽(246)	孵柑篙蛤诡酣憨涵蒿壕嚎唬恍幌茴蛔讳畸箕稽枷荚贾涧剿荆阱疥眷诀倔坎吭拷胯擂肋敛燎唎鳞咯赁娄恋伦沦裸曼蔓幔莽铆楣媚朦糜靡娩冕悯蜢墓眤溺拗懦糯湃螃胚鹏澎霹瓢坪蒲圃栖崎锲跷憔擒擎蚯岖躯痊瓢蹂儒蠕褥蕊搔涩杉膳赡蛆恃嗜抒枢锹赎蜀曙恕漱墅涮嘶溯遂琐胎谭袒颓褪囤臀宛婉腕苇纬猥素涡蜗嬉徙匣侠涎腺懈蟹芯漩驯涯蚜腌蜒檐喑谚堰漾肴揖溢茵蚓瘾莹萤蛹佑迂逾渊藻栅栈蘸杖账狰拯趾窒仲蛀坠谆苎(217)

①

续表

外部结构	字理属性	常用等级				
		甲级字(800)	乙级字(804)	丙级字(601)	丁级字(701)④	纲外常用字(629)
现代常用汉字(3535/2906)	合体字(3253/2639)	形声字(1617/1276)	啊矮爸吧摆搬板办帮杯倍变病播部擦彩操草查常场成吃迟抽除础楚处船磁村错打代戴倒到道的灯地点店掉懂都读度短饿嗯翻饭房访放啡府辅附复傅该概感刚钢搞给根跟够姑刮挂贵哈孩海号喝何和河红候忽湖话换活机基级极挤记纪技济寄绩检简健江讲蕉脚觉较接街节结姐借进近睛精静究桔橘咖棵咳可渴刻客课空苦块况拉啦蓝篮冷理脸练炼凉谅零领路绿妈吗嘛妹们哪那呐呢念娘努暖怕拍排跑碰批啤瓶破期骑起铅墙轻清情晴请球然让认任赛烧绍省胜剩识适数谁嗽诉酸所抬态谈汤糖躺特疼踢提题调跳听挺痛图	阿哎挨暗拔版扮悲碑笨逼鼻币毕宾饼玻脖膊补捕猜材踩餐厕测察拆柴肠抄超吵沉衬趁称程池愁厨触创聪粗促醋催脆存措搭达待袋担胆淡弹党岛稻登滴钓跌顶冻洞抖逗堵肚堆吨蹲夺躲鹅犯泛范防仿纺肺费愤佛肤扶幅腐副肝赶糕胳割格隔贡狗构购估固怪管罐逛跪滚锅害含汗航嘿哼猴胡糊护滑挥恢辉混圾积激迹价架拣渐键箭酱阶劲禁惊景镜救居拒剧据距绢扛烤靠恳恐控裤筷宽矿括阔垃拦烂郎狼朗浪捞梨璃李哩粒怜梁粮聊邻龄露虑落略码骂埋馒猫贸煤迷秘密蜜描模默浓怒牌陪赔配喷盆脾偏骗迫扑铺朴戚	哀唉碍熬叭坝柏绑棒磅辈彼柄拨菠怖财裁惭惨灿苍侧铲颤偿畅钞炒扯齿仇酬喘纯瓷丛摧挫耽档蹈瞪堤垫惦雕爹陡督哆俄额妨废沸氛坟疯讽袱俯缚溉缸稿鸽葛耕沟孤辜股雇灌轨柜棍耗呵阁核痕横宏洪喉吼蝴唿华猾缓唤慧浑饥肌籍寂佳歼监煎荐舰溅浆僵疆浇椒狡搅揭洁竭谨浸揪舅坑酷夸垮狂喇兰滥廊愣黎梁疗僚溜柳咙笼拢楼喽炉掠络骆驴铝梅霉猛孟泌勉敏摩抹陌谋捏宁凝拧噢哦偶培佩棚蓬膨屁婆剖棋谦琴勤屈润尚摄沈审婶慎驶饰逝匙署拴霜税烁斯诵颂艘嗦锁塌踏摊坦倘桃萄腾蹄惕亭筒徒吞驮驼蛙娃顽挽柱	埃蔼隘袄芭疤颁拌邦狈惫崩绷毙痹碧蔽臂鞭憋滨泊舶搏曹槽蹭诧搀谗馋缠蝉阐澄驰筹踌储疮慈雌葱崔粹翠瘁贷怠氮荡叨捣悼涤笛掂颠叼董栋赌睹杜妒镀缎堕惰跺蛾坊芳舫匪冯抚赴钙杠疙梗汞菇硅瑰桂捍浩荷恒烘虹哄狐瑚沪淮槐痪蝗徽秽豁讥忌嚼缴玖俱锯捐俊峻慨勘堪慷糠磕垦拷葵馈溃赖栏揽唠涝酪棱狸犁篱沥荔俐廉镰晾辽潦伶玲凌岭琉榴瘤聋隆芦庐赂碌骡侣屡蚂蛮茂媒酶檬弥谬膜魔睦囊挠拟捻撇酿柠挪殴徘潘庞沛劈撒聘魄仆沏柒凄淇泣砌迁锹茄窍钦芹氢蜻驱趋瘸鹊任	氨俺肮跋绊梆蚌豹焙荸秕庇蓖壁蝙膘瘪鳖缤渤哺沧糙碴豺忱橙嗤弛雏橱揣椿戳绰赐簇悴撮锉掸铛裆嘀嫡碘玷蚪胰敦垛遏饵矾菲岔枫麸芙拂蝠脯橄肛镐埂蚣苟垢咕沽卦裥剑咳悍撼翰杭褐鹤鸿弧桦涣焕惶蝗海晦荤叽唧妓鲫钾缰礁侥窘沮炬鹃钧骏竣揩楷铐苛蚵坷盔窥魁傀坤莱癞澜缆榄琅榔烙酪偏漓鲤莉砾雳痢寥撩嘹缭瞭镣琳凛檩瞒菱翎翎琉馏胧庐颅缕氯啰洛蟆玛锚锰咪缅瞄藐闽馍莱牡沐募钠娜捺馁匿腻蔫碾镊荤狞咛脓诺鸥藕帕咆砰硼篷翩菩戕祈芪脐睚鳍迄乾黔呛荞峭窍撬寝琼蛆攘纫茸

续表

外部结构	字理属性	常用等级				
		甲级字(800)	乙级字(804)	丙级字(601)	丁级字(701)④	纲外常用字(629)
现代常用汉字(3535/2906)	合体字(3253/2639)	形声字(1617/1276) 推腿脱袜完玩晚碗望伟喂闻问握物险响消笑鞋谢新星需续学呀颜演验扬样药夜以椅亿艺译银英邮语预遇园远运脏澡责怎站掌真织纸指志治钟种猪助住注装租组昨(292)	欺旗签歉枪抢敲瞧巧侵渠裙群嚷扰绕惹扔仍软锐洒嗓嫂晒衫伤绳诗施湿式似势柿释瘦殊蔬暑属述摔松俗速塑随碎损缩塔毯趟掏逃添填挑贴铁厅铜统偷投透途涂吐哇弯维味谓污悟雾吸牺席吓纤掀限献箱详项晓效歇斜醒雄袖序绪宣选咽烟厌洋邀爷野液姨移疑忆映硬拥勇优油约阅跃越允糟燥择扎摘窄粘战召职秩置珠煮著状撞追捉资紫钻(368)	蚊吻翁侮惜晰锡虾瞎嫌厢宵欣朽绣锈叙询循押鸭讶焰秧氧谣遥钥耀冶遗倚崎踊犹娱屿孕浴寓豫缘猿砸栽载凿泽渣炸沾崭罩遮殖帜痔肿宙皱驻柱铸赚桩壮幢姿阻罪(298)	擅响奢呻绅肾侍薯笋蒜笋唆踢汰贪痰炭唐塘淘藤涕帖蜓艇桐捅屠椭拓唾豌汪旺唯惟魏瘟沃呜梧晤溪膝辖仙翔橡啸邪携泄泻锌匈徐絮靴鸦哑雅腌殃杨痒蚁翼吟樱忧铀吁郁酝咋贼轧闸诈瞻沼蔗汁芝侄掷滞蛛拄妆拙咨棕踪揍(318)	蓉榕飒臊瑟僧霎苕芍赊赦笙拭淑蟾栓吮瞬硕髓梭檀棠搪淌剔舔笤廷蜕蛇洼偎薇魏巍蔚喻瓮芜蜈捂鹜坞犀熙蟋铣瞎锨舷湘萧硝箫哮楔蝎猩旭恤婿轩癣炫薛勋殉衙阎砚鸯吆姚掖椰谒腋胰屹绎奕肄莺缨鹦淤隅芋鸳辕耘陨赃憎喳铡毡绽樟昭斟榛疹症吱蛀轴贮撰椎锥灼姊滓诅(341)
		义系半记号字(210/192) 爱报边表布层茶春带蛋导冬动敢共顾观过还汉坏欢会鸡将举克劳累礼亮录乱旅麻没难平千前热商师时实思送虽岁他她条团退往务系细香兴雪研员早展这走(67)	保盗敌独盾朵肥奋妇盖拐环昏际届金仅具款雷厘厉陆麦迈庙亩匹牵强区劝扫善舌受素胃稳戏显羡形秀延盐异皂则针争执至质(54)	奥暴陈赤辞奠寡乖怀幻毁壳蜡辣猎刘嫩抛权陕售叹亡吴袭宪巷协胁抑隐赵粥烛(34)	呈邓奉耿轰侯津晋腊粟鲁罗聂潜秦泉叁帅寺肆苏泰坛秃刑邢杏疫誉袁粤贞郑昼拽卓浊(37)	罹凫韩爵娄疟煞虱酥粟誊恬尉昔荧邑蚤咒(18)

续表

现代常用汉字 (3535/2906)	外部结构	字理属性	常用等级				
			甲级字(800)	乙级字(804)	丙级字(601)	丁级字(701)④	纲外常用字(629)
	合体字(3253/2639)	音系半记号字(34/32)	半参凤服净决历每旁声义准(12)	尝冲巩艰减奖貌虚养(9)	凑毒勾亏奈(5)	凤凰乞岂乔旨(6)	禀樊(2)
		合体记号字(57/54)	备差当关黄旧康朋票齐亲青去写要音应杂再者着总(22)	并乘叠乏尽竞类量临灵庆替童县享压(16)	奔仓归截寿(5)	卑冈杰兢亢卢禽萨畏壹奏(11)	仑冗斋(3)

三 现代常用汉字文字学分类表数据统计与分析

3.1 现代常用汉字文字学分类表数据统计

汉字已经有五六千年的历史,古代汉字构形理据比较强,近现代汉字构形理据比较弱。现代汉字读音、意义的理据因语音演变、字义发展,也已不像造字之初那么明显,规律性减弱。那么,现代常用汉字的理据还有多少?根据本文第二部分现代常用汉字文字学分类表,我们将各类各级常用汉字结构类型及字理属性数据用表格形式展示如下:

表2 《汉语水平词汇与汉字等级大纲》和《现代汉语常用字表》所收各级各类常用汉字结构类型及字理属性数据统计表

结构类型	字理属性	甲级字	乙级字	丙级字	丁级字	纲外字	合计	占常用字比例
独体	象形	104	45	18	28	14	209	7.98%
	指事	9	6	3	3	0	21	
	独体记号	28	16	7	0	1	52	
合体	会意	120	95	54	52	33	354	92.02%
	转注	146	195	177	246	217	981	
	形声	292	368	298	318	341	1617	
	义系半记号	67	54	34	37	18	210	
	音系半记号	12	9	5	6	2	34	
	合体记号	22	16	5	11	3	57	

表 3 《汉语水平词汇与汉字等级大纲》和《现代汉语常用字表》
所收各级各类独体字及字理属性数据统计表

结构类型	字理属性	甲级字	乙级字	丙级字	丁级字	纲外字
独体	象形	104	45	18	28	14
	指事	9	6	3	3	0
	独体记号	28	16	7	0	1
	合计	141	67	28	31	15
	占各级比例	17.63%	8.33%	4.66%	4.42%	2.38%

表 4 《汉语水平词汇与汉字等级大纲》和《现代汉语常用字表》
所收各级各类合体字及字理属性数据统计表

结构类型	字理属性	甲级字	乙级字	丙级字	丁级字	纲外字
合体	会意	120	95	54	52	33
	转注	146	195	177	246	217
	形声	292	368	298	318	341
	义系半记号	67	54	34	37	18
	音系半记号	12	9	5	6	2
	合体记号	22	16	5	11	3
	合计	659	737	573	670	614
	占各级比例	82.38%	91.67%	95.34%	95.58%	97.62%

表 5 《汉语水平词汇与汉字等级大纲》和《现代汉语常用字表》
内有理据字数据统计表

字理属性	甲级字	乙级字	丙级字	丁级字	纲外字
象形字	104	45	18	28	14
指事字	9	6	3	3	0
会意字	120	95	54	52	33
转注字	146	195	177	246	217
形声字	292	368	298	318	341
义系半记号字	67	54	34	37	18
音系半记号字	12	9	5	6	2
合计	750	772	589	690	625
占各级比例	93.75%	96.02%	98.00%	98.43%	99.36%

表 6 《汉语水平词汇与汉字等级大纲》和《现代汉语常用字表》
内无理据字数据统计表

字理属性	甲级字	乙级字	丙级字	丁级字	纲外字
独体记号	28	16	7	0	1
合体记号	22	16	5	11	3
合计	50	32	12	11	4
占各级比例	6.25%	3.98%	5.32%	1.57%	0.64%

3.2 现代常用汉字文字学分类表数据分析

《汉语水平词汇与汉字等级大纲》和《现代汉语常用字表》所收现代常用汉字(3535个)中,独体字282个,占现代常用汉字总数的7.98%。其中甲级字中的独体字141个,占甲级字总数的17.63%;乙级字中的独体字67个,占乙级字总数的8.33%;丙级字中的独体字28个,占丙级字总数的4.66%;丁级字中的独体字31个,占丁级字总数的4.42%;纲外常用字中的独体字15个,占纲外常用字总数的2.38%。由此可以看出,独体字大部分是基础常用字。最突出的是甲级独体字多达141个,占常用独体字的50.00%。随着常用级别的降低,独体字所占比例大体上是越来越小。

常用汉字中的合体字共计3253个,占现代常用汉字总数的92.02%。其中甲级合体字659个,占甲级字总数的82.38%;乙级合体字737个,占乙级字总数的91.67%;丙级合体字573个,占丙级字总数的95.34%;丁级合体字670个,占丁级字总数的95.58%;纲外常用合体字614个,占纲外常用字总数的97.62%。由此可以看出,随着常用级别的降低,合体字所占比例越来越大。

一般谈到汉字独体字和合体字比例的时候,我们常说独体字占5%,合体字占95%,这是在不考虑常用度情况下说的约数。现在我们发现:独体字在常用字中所占的比例是7.98%,比一般所说的5%的比例要高约3个百分点;合体字在常用字中所占的比例是92.02%,比一般所说的95%的比例要低约3个百分点。因此,建议将来就现代常用汉字谈独体字与合体字比例的时候要说,在现代常用汉字中,独体字约占8%,合体字约占92%。这样说才符合客观情况。

在《汉语水平词汇与汉字等级大纲》和《现代汉语常用字表》所收282个独体字中,可以直接溯源找到构形理据的独体字(象形字+指事字)230个,占常用独体字的81.56%,占现代常用汉字总数的6.51%;无理据独体记号字52个,占常用独体字的18.44%,占现代常用汉字总数的1.47%。在《汉语水平词汇与汉字等级大纲》和《现代汉语常用字表》所收3253个合体字中,有理据合体字(会意字+转注字+形声字+义系半记号字+音系半记号字)3196个,占常用合体字的98.25%,占现代常用字的90.41%;无理据合体记号字仅57个,占常用合体字的1.75%,只占现代常用汉字总数的1.61%。如果把有理据的独体字和合体字合起来,有理据常用字的总数为3426个,占现代常用汉字总数的96.92%。而无理据常用字(独体记号字＋合体记号字)的总数为109个,只占现代常用汉字总数的3.08%。也就是说,只有约3%的常用汉字是毫无理据可言的。

也许有人会提出,象形字和指事字一般需要借助溯源手段方可窥见其理据,义系半记号字和音系半记号字理据不全,在计算数据时应该有所考虑。我们不妨将这些字视为半理据字,将它们所占比例数据减半。从数据统计表可知,常用象形字、指事字、义系半记号字、音系半记号字总计474字,占现代常用汉字总数的13.41%。减半以后,这四类字在常用字中所占比例是6.71%。即便如此,有理据汉字在现代常用汉字中的比例仍占90.21%。

因此,我们可以信心满满地说,至少90%的现代常用汉字是有理据的。凡独体字中的象形字、指事字,可以通过形体溯源方法知其形义理据;凡有表义偏旁的合体字,字义都与表义偏旁有不同程度的联系;凡有表音偏旁的合体字,字音都与表音偏旁有不同程度的联系。这可以给我们利用理据推展汉字教学以足够的信心。

在《汉语水平词汇与汉字等级大纲》和《现代汉语常用字表》所收常用字中,从总体上看,象形、指事、会意、转注、形声五类文字的数量,由少到多,依次是指事字21个、象形字209个、会意字354个、转注字981个、形声字1617个。从五类文字在各级别汉字中的分布来看,产生于第一阶段的象形字、指事字和产生于第二阶段的会意字,在甲、乙、丙、丁、纲外各级汉字中的分布,其数量基本呈下降态势。产生于第四阶段的转注字和产生于最高阶段的形声字,在甲、乙、丙、丁、纲外各级汉字中的分布,其数量基本呈上升态势。这与汉字造字法发展和汉字系统形成的实际情况完全吻合。

在《汉语水平词汇与汉字等级大纲》和《现代汉语常用字表》所收常用字中,义系半记号字210个,音系半记号字仅34个。说明在汉字体系演变的过程中,表义偏旁形体及表义功能相对稳定,而表音偏旁形体省变及表音功能丢失的情况则比较多。

通过数据统计表还可以发现,在《汉语水平词汇与汉字等级大纲》和《现代汉语常用字表》所收常用汉字中,纯记号字(独体记号字＋合体记号字)或半记号字(义系半记号字＋音系半记号字)随着常用度的提高,记号化汉字数量逐渐增加。说明一般情况下,常用度越高,汉字形体记号化的可能性越大。至于合体记号字(57个)多于独体记号字(52个),也是可以理解的。因为合体字数量多,完全丢失理据成为合体记号字的数量自然也多。

汉字是一个形体众多、结构复杂、读音意义也很复杂的文字体系,有其独具的特点和规律。我们不要简单地拿汉字与世界上其他文字相比,说汉字难学难教。只要我们深入了解了汉字这个文字体系,正确认识了汉字与汉语的关系,在汉语教学整体设计上,把汉字作为汉语教学的核心内容,给予充分的重视;在教学实践中,抓住汉字自身的特点和规律,充分利用汉字的理据和系统性去推展教学,汉语汉字教学是可以顺畅而事半功倍的。希望本研究的结果能为现行基础汉语教学框架下的汉字教学提供一些参考。

注　释

① 一般来说,某个汉字在表示其本义和引申义时,其形、义是有理据的,大部分也有读音理据。而在表示假借义时是没有形、义理据的。如:繁体"無"的本义是"舞动、舞蹈"(这一意义后作"舞"),原来是象形字,甲骨文、金文分别写作 、 ,摹画的是人持牛尾之类舞具跳舞的样子,既有构形理据,也有意义理据。小篆写作 ,已经开始表示假借义"没有"。在表示"没有"的假借义时,就没有理据可言了。小篆又写作 ,增加了表义偏旁 (亡,逃亡),成为转注字,有了音、义理据。" "隶变楷化后写作"無",形、音、义理据皆无。现在采用古字( ),"無"简化为"无","无"也是没有理据的。

② "六书"名称,依许慎说;"六书"顺序,依钱玄同、黎锦熙说。

③ 关于"转注"造字法的详情,请参阅李大遂(1990)。

④ 1992 年版和 2001 年修订版《汉语水平词汇与汉字等级大纲》,都标注丁级字表收字 700 个,总表收字 2905 字。实际上在两个版本中,《按级别排列的汉字等级大纲·丁级字附录》都有"埔"无"浦",《按音序排列的汉字等级大纲·附录》都有"浦"无"埔",应视为"浦""埔"兼收。故丁级字表实收 701 字,总表实收 2906 字。

参考文献

曹先擢、苏培成主编(1999)《汉字形义分析字典》,北京大学出版社。
陈梦家(1956)《殷虚卜辞综述》,科学出版社。
(宋)戴　侗(2006)《六书故》,上海社会科学院出版社。
(清)戴　震(1980)《戴震文集》,中华书局。
党怀兴(2003)《宋元明六书学研究》,中国社会科学出版社。
(清)段玉裁(1981)《说文解字注》,上海古籍出版社。
高树藩编纂(1989)《中文形音义综合大字典》,中华书局。
龚嘉镇(2002)《汉字汉语汉文化论集》,巴蜀书社。
谷衍奎编(2003)《汉字源流字典》,华夏出版社。
(清)桂　馥(1987)《说文解字义证》,中华书局。
国家汉语水平考试委员会办公室考试中心制定(2001)《汉语水平词汇与汉字等级大纲》(修订本),经济科学出版社。
国家语言文字工作委员会(1986)《简化字总表》(1986 年新版),语文出版社。
国家语言文字工作委员会(2013)《通用规范汉字表》,语文出版社。

国家语言文字工作委员会汉字处编(1988)《现代汉语常用字表》,语文出版社。
国家语言文字工作委员会汉字处编(1989)《现代汉语通用字表》,语文出版社。
汉语大字典编辑委员会编纂(1986)《汉语大字典》,湖北辞书出版社、四川辞书出版社。
黄伯荣、廖序东主编(1991)《现代汉语》(增订版),高等教育出版社。
黄德宽主编(2007)《古文字谱系疏证》,商务印书馆。
姜忠奎(1933)《说文转注考》,济南东方书社。
李大遂(1990)转注之名的探讨,《北京师范大学学报》增刊。
李大遂(2011)汉字理据的认识、利用与维护,《华文教学与研究》第2期。
刘兴隆(2005)《新编甲骨文字典》(增订版),国际文化出版公司。
吕景和、钱 晔、钱中立(1993)《汉字古今形义大字典》,黑龙江人民出版社。
马叙伦(1957)《说文解字六书疏证》,科学出版社。
裘锡圭(1988)《文字学概要》,商务印书馆。
沈兼士主编(1985)《广韵声系》,中华书局。
唐 兰(1981)《古文字学导论》(增订本),齐鲁书社。
王 力主编(1964)《古代汉语》,中华书局。
王 宁(2002)《汉字构形学讲座》,上海教育出版社。
(清)王 筠(1988)《说文解字句读》,中华书局。
(清)王 筠(1983)《说文释例》,武汉市古籍书店影印。
尾崎雄二郎、都留春雄、西冈弘、山田胜美、山田俊雄编(1992)《角川大字源》,角川书店。
徐中舒主编(1989)《甲骨文字典》,四川辞书出版社。
(汉)许 慎(1963)《说文解字》,中华书局。
(宋)郑 樵(1987)《通志·六书略》,中华书局。
(清)朱骏声(1983)《说文通训定声》,武汉市古籍书店影印。
邹晓丽(1990)《基础汉字形义释源——〈说文解字〉部首今读本义》,北京出版社。

作者简介

李大遂,北京大学对外汉语教育学院教授,主要研究方向为汉字和对外汉字教学。Email:lwl@pku.edu.cn。

汉语学术期刊论文中"进行"类形式动词句研究*

宫 雪 汲传波

北京大学对外汉语教育学院

提 要 本文参考 Hopper & Thompson(1980)的广义及物性理论,考察了汉语学术期刊论文中"进行"类形式动词句的及物性、话语功能及事件要素提取情况。研究发现,语体、学科制约着句式的具体使用。在学术语体中,"进行"类形式动词句表现出"低及物性",编码前景信息,在所表述的抽象动作事件中常提取动作、行为、对象、主体、方式五类要素;在不同学科中,硬学科比软学科学术期刊论文中"进行"类形式动词句的及物性值更高,更倾向于编码前景信息,客观性更强。

关键词 学术汉语 形式动词句 及物性 话语功能 主观性 学科分布

一 引言

形式动词的名称众多,如傀儡动词、虚义动词、轻动词等,较为流行的说法就是形式动词,本文也采用这一说法。关于形式动词,前人从多个方面进行了充分的探讨,比如形式动词的意义(吕叔湘主编 1980;周刚 1987;刁晏斌 2004;李桂梅 2012;王永娜 2016;姜海艳 2020)、形式动词的功能(朱德熙 1985;刁晏斌 2004;冯胜利 2010;宋作艳 2011;王永娜 2013)、形式动词的宾语(朱德熙 1985;陈永莉 2006)。本文重点关注形式动词句式的相关研究。形式动词句式是指由形式动词"进行""加以"等构成的句式,常用于书面语,具有特定的语用功能。

关于形式动词的句式,胡裕树、范晓主编(1995)做了全面且系统的考察,归结出四种"进行"类和"加以"类共享的句式和八种"进行"类动词独有的句式。陈永莉(2006)除对形式动词的句式加以总结外,还考察了该类句式与一般句式的变换问题。近年来,形式

---

* 本研究为国家社科基金项目"基于语料库的学术汉语语言特征研究"(20BYY120)的阶段性成果。

动词句式研究从认知语义的视角切入,让我们对该句式有了更进一步的认识。李桂梅(2012)将形式动词的表达功效总结为:形成特定的事件框架、扩展事件信息、传达言者意志、形成书面正式语体。姜海艳(2020)认为形式动词句式所表述的是抽象动作事件,形式动词句式的生成经历了三个阶段:一是语言使用者将客观世界范畴化为抽象动作事件,并对事件要素进行提取;二是语言使用者将抽象动作事件要素符号化为语言表征形式;三是语言使用者根据话语语境将抽象事件要素序列化,形成最终的形式动词句式。

综上可知,汉语学界关于形式动词及其句式的研究成果丰硕,但少有研究关注特定语体中的形式动词句。值得关注的是,陈禹(2019)认为"形式动词配置事件宾语"是说明语体的优选配置之一。该配置的优势有二:一是形式动词能够为事件的修饰增加定语位置,如"对北京大学进行了卓有成效的改革";二是形式动词可携带事件宾语,而事件宾语"有利于对复杂事件的概括与归纳",且能够"突破某些句法限制"。以上优势均能够为扩展事件信息增加句法位置。此外,陈禹(2019)还对 BCC 中的文学和科技语料库进行了词频调查,发现科技语料比文学语料更倾向于使用形式动词。该研究引发我们思考:在属于科技语篇的学术期刊论文中,由形式动词主导的形式动词句具有何种语义和功能特征。

二 广义及物性理论与汉语及物性研究

2.1 广义及物性理论在汉语学界的发展

因本研究重点考察学术汉语期刊论文中形式动词句的及物性,需要明确及物性判断的标准。Hopper & Thompson(1980)提出的广义及物性理论认为,及物性不只是动词的问题,而是整个句子的问题。及物性不是及物与不及物两极的对立,而是一个连续统,并给出了参与者、动作性、体貌等与及物性程度相关的 10 个参数,提出了"及物性假说",即如果一个句子在 10 个参数中某一个参数上的表现为高及物性的(如句中出现了两个或更多的参与者),那么这个句子在其他参数上的表现同样为高及物性的。

广义及物性理论在 50 余种语言中得到了验证,但也存在一些问题,如参数含义不明确、同一参数前后所指不一等。钟小勇(2017)在考察汉语重动句、把字句及物性差异的过程中,以 Hopper & Thompson(1980)为基础,结合汉语特征对各个参数给出了操作性的定义,我们将其梳理归纳为表 1:

表 1　及物性参数及其操作性定义

参数		含义及操作性定义
A	参与者	A(施事)和O(受事)为参与者。两个参与者的句子具有高及物性,具有"高极"的特征,三个参与者是其他类。
B	动作性	指"动作和状态的对立"。瞬时身体动作是高极的;持续非身体动作、瞬时非身体动作、持续身体动作以及其他情况均为低极的。
C	体貌	采用有界性的概念,有界是指完成的动作,且宾语是有界的。有界的是高极的,无界的是低极的。
D	瞬时性	根据句子能否与"突然""整个早上"等时间指称共现判定其是否具有瞬时性。瞬时的是高极的,非瞬时的是低极的。
E	意志性	通过将句子放入"他劝服……"结构判定其意志性的高低。高意志性是高极的,低意志性和其他类是低极的。
F	肯定性	肯定的句子是高极的,否定的句子是低极的。
G	语态	"现实性"以事件是否已发生为判定标准。已发生的事件为现实的,是高极的;尚未发生的事件为非现实的,是低极的。
H	施事性	施事有生命,为高极的;施事无生命,为低极的。
I	宾语受影响性	宾语若可转换为被动句主语,说明其受影响程度高,为高极的。
J	宾语个体性	定指宾语具有高个体性,为高极的;无指和不定指宾语为低极的。

除对及物性参数进行明确的操作性定义外,钟小勇(2020)还提出了基于话语和统计的"及物性假说",即:

> 有两个小句a、b,根据A—J中任何一个参数,如果a比b更倾向于是高极的,那么,其他参数也将显示a比b更倾向于是高极的。

相较于Hopper & Thompson的"及物性假说",钟小勇提出的基于话语和统计的"及物性假说"强调通过对某一句式在话语中语言使用实例的统计来判定该句式的及物性程度,所体现的是该句式在及物性系统上的"倾向性"程度。

2.2　汉语及物性研究

汉语及物性研究成果丰硕,本文重点关注句式及物性的研究路径、语篇功能及造成及物性表现差异的动因等相关研究。

从研究路径看,汉语及物性研究有两条路径,基于句法和基于统计。基于句法的研究路径是指通过对某类句式的某一使用实例进行及物性判断,从而确定该类句式的及物性,代表性的研究成果如王惠(1997),寇鑫、袁毓林(2017)等。基于统计的研究路径是对某类句式在话语中的所有使用实例根据及物性参数进行统计,从而判定该类句式的及物性,代表性的研究成果如胡骏飞、陶红印(2017),钟小勇(2017)。

从及物性与话语功能的关系看,学界基本达成共识的是高及物性句式编码前景信息,低及物性句式编码背景信息。(王惠 1997;胡骏飞、陶红印 2017;寇鑫、袁毓林 2017)但李晋霞、刘云(2021)指出及物性受制于语篇类型,以上论断适用于叙事语篇,而在论证语篇中,前景具有"低及物性",背景具有"高及物性"。此外,关于"前/背景"信息的判定,主要有三种做法:一是在叙事语篇中,与事件进程相关的是前景信息,其余为背景信息,在论证语篇中,论点和论证是前景信息,论据是背景信息;(李晋霞、刘云 2021)二是流水句句尾为前景信息,若句式出现在流水句句尾的比例较高,则该句式为高及物性句式;(寇鑫、袁毓林 2017)三是前景信息多为独立小句,背景信息多为依存小句,若某句式常以独立小句的形式出现,则该句式为高及物性句式。(钟小勇 2017)

从及物性与主观性的关系看,胡骏飞、陶红印(2017)通过对不同语体中"弄"字句及物性的考察,发现高度及物结构以主观性不显著为常态,低度及物结构主观性显著强于主观性不显著。关于句式主观性的判定,胡骏飞、陶红印(2017)采用的方式是将3个语体中的176条语料分为两类,"高度及物结构"和"低度及物结构",再对两类结构进行话语功能(叙述、建议、评价、问询、意愿表达)标注,进而区分出主观性和客观性。

综观汉语及物性研究,主要表现为以下特点:一是"基于句法"和"基于统计"两条研究路径同时发展,"基于统计"的研究路径逐渐得到青睐;二是句式及物性、话语功能(编码前/背景信息)、主观性三者贯通;三是语篇及物性和句式的分语体研究得到关注。

三 语料来源及语料标注

3.1 研究问题

本文重点考察汉语学术期刊论文中的形式动词句,主要解决以下问题。

(1)形式动词句式的及物性表现如何?不同学科学术期刊论文中的形式动词句在及物性方面的表现是否存在差异?

(2)形式动词句式用于编码前景信息还是背景信息?不同学科间的形式动词句所编码的信息是否存在差异?

(3)用于表述抽象动作事件的形式动词句倾向于提取哪些事件要素?学科间是否存在差异?

3.2 语料说明

首先,本文所用语料为来自四大学科的500篇学术期刊论文。"四大学科"的分类由托尼·比彻、保罗·特罗勒尔(2015)[①]提出,包括纯理型硬学科(物理学、化学)[②]、应用型硬学科(计算机、机械工程)、纯理型软学科(语言学、历史学)、应用型软学科(管理学、教育学)。纯理型学科偏重理论探讨,应用型学科侧重研究成果的应用,硬学科与自然科学类似,软学科与人文社会科学类似。本文语料包括代表性硬学科期刊论文300篇(每个代表性学科75篇),软学科期刊论文200篇(每个代表性学科50篇)。所选论文均抽取自各学科领域的核心期刊。

形式动词句的考察以"进行"为例,500篇学术期刊论文中含有"进行"的语料共计7553条。由于数量较多,我们从不同学科论文中等比例抽取1000条进行标注分析,如表2所示:

表2 形式动词"进行"的学科分布

学科	"进行"数量	抽取数量
计算机	2459	326
机械工程	1101	146
化学	685	91
物理	730	97
教育学	597	79
管理学	1145	152
历史学	400	53
语言学	436	56

其次,及物性参数标注参考钟小勇(2017)的标注方式,详见上文中的表1。对于前景/背景信息的判定同样参考钟小勇(2017)的研究成果,独立小句为前景信息,依附小句为背景信息。

最后,用于表述抽象动作事件的形式动词句所提取的事件要素的标注参考姜海艳(2020),具体见下文示例。

四 汉语学术期刊论文中"进行"类形式动词句研究

4.1 "进行"类形式动词句的及物性

形式动词句的及物性程度可通过及物性值来表示,"有两种方法可以用来表示及物性值,一是计算十个及物性参数为高极的数量,一是计算十个及物性参数为高极的比例"(钟小勇 2017)。本文采用第一种方式来考察汉语学术期刊论文中形式动词句的及物性表现。我们以例(1)为例说明及物性参数的判定方式。根据表 1 依次判定该句在 10 个参数上的表现,如该句在参与者参数上是高极的,句中有两个参与者,"我们"和"106 位苏州本地人就如何表达定指"。此外,该句在动作性、瞬时性、宾语受影响性、宾语个体性上是低极的,在体貌、意志性、肯定性、语态、施事性上是高极的。因此,例(1)在 6 个参数上的表现是高极的,其及物性值为 6。

(1)为了回答这个问题,我们对 106 位苏州本地人就如何表达定指进行了实地调查,所有被调查人都是土生土长的本地人,调查语句即是上文出现的(10—20)用例。(语言学)

4.1.1 "进行"类形式动词句的及物性表现

汉语学术期刊论文中"进行"类形式动词句的及物性值如表 3 所示:

表 3 "进行"类形式动词句的及物性值

及物性值	例句数量	例句占比
1	10	1.00%
2	144	14.40%
3	182	18.20%
4	220	22.00%
5	88	8.80%
6	356	35.60%
7	0	0.00%
8	0	0.00%
9	0	0.00%
10	0	0.00%

据表 3 可知,学术期刊论文中"进行"类形式动词句的及物性值集中在 2 到 6,及物性值 7 到 10 没有例句分布,说明该类体裁中的"进行"类形式动词句为低及物性句式。

"进行"类形式动词句为低及物性句式的结论符合我们的预期,这是语体对句式的一种选择。学术语篇需要对研究过程进行说明,对观点进行论证,因此,其兼具说明性和论证性。不论是说明性,还是论证性,均为静态描写,具有低及物性,在句式选择上理应选择低及物性句式。借鉴前人观点,我们认为形式动词句能够与学术语篇相契合,主要在于其具有以下三点优势。一是具有使动态过程静态化的功能。形式动词可以搭配事件宾语,事件名词表征的与其说是一个事件,不如说是一个事实,其已经被从时空中抽离,成了一个原子化的个体,被说话人提取和指称。(陈禹 2019)时空特性的消失,即冯胜利(2010)所说的"泛时空化",也就是我们提到的静态化,这种静态化的表述能够拉大"语距",使表述更正式。总而言之,学术语篇既需对事件进行说明,又要表述正式,形式动词句式能够满足其对表述的需求。二是具有推动语篇展开的功能。形式动词后的事件宾语是对事件的对象化,将其对象化以便"对其阐述、判断、解说"(陈禹 2019),有利于论证的进一步开展。三是具有扩展事件信息的功能。学术期刊论文语篇短小,需要用尽可能少的文字表达尽可能多的信息。形式动词句式可以通过以下方式扩展信息:一是形式动词前加"对+对象"扩展对象信息;二是形式动词后的事件宾语携带定语,扩展事件性信息或评价性信息,如"进行了两个小时的亲切交谈"(李桂梅 2012)。

4.1.2 不同学科期刊论文中形式动词句的及物性差异

我们对不同学科中"进行"类形式动词句的及物性进行了考察,结果如表 4 所示:

表 4 不同学科"进行"类形式动词句的及物性值

及物性性值	纯理型硬学科占比	应用型硬学科占比	纯理型软学科占比	应用型软学科占比
1	0.00%	0.89%	1.83%	0.87%
2	15.96%	9.34%	21.10%	12.55%
3	17.55%	14.67%	16.52%	9.52%
4	12.77%	14.22%	25.69%	26.41%
5	3.19%	12.44%	10.09%	16.45%
6	50.53%	48.44%	24.77%	34.20%
7	0.00%	0.00%	0.00%	0.00%
8	0.00%	0.00%	0.00%	0.00%
9	0.00%	0.00%	0.00%	0.00%
10	0.00%	0.00%	0.00%	0.00%

我们通过绘制折线图来比较软学科与硬学科、纯理型学科与应用型学科之间"进行"类形式动词句的及物性差异。

首先是软学科与硬学科"进行"类形式动词句在及物性值上的表现差异,如图 1、图 2 所示:

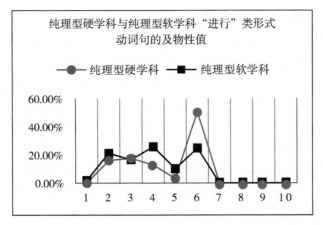

图1 纯理型硬学科与纯理型软学科"进行"类形式动词句的及物性值

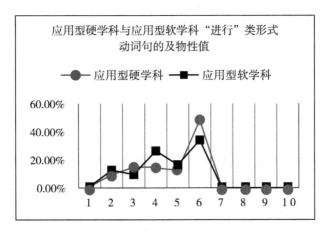

图2 应用型硬学科与应用型软学科"进行"类形式动词句的及物性值

据图1、图2可知,硬学科中及物性值高的"进行"类形式动词句所占的比例要比软学科中高,说明硬学科相较于软学科更倾向于使用及物性值相对较高的形式动词句。

通过对及物性参数的进一步分析,我们发现在"语态"这一参数上,硬学科与软学科的表现差异较大(数据见表5)。

表5 软硬学科在"语态"参数上的差异

语态	硬学科占比	软学科占比
"现实"语态	72.58%	57.35%

"现实"语态的形式动词句在软硬学科间存在显著差异(卡方检验$\chi^2 \approx 22.98$,$p<0.05$),硬学科相较于软学科更倾向于使用"现实"语态的形式动词句。也就是说,硬学科中的"进行"类形式动词句相较于软学科更倾向于论述已经发生的事件。正如例(2)、例(3)所示,硬学科中的"进行"类形式动词句常用于陈述已经发生的实验过程:

(2)对能量损耗、延迟控制问题进行了仿真实验,从仿真结果可以看出,算法在能量优化上具有一定的作用,在缩短延迟时间上,也得到较好的效果。(计算机)

(3)静置7天后进行AFM表征,被氧化后的c−SY自组装体的形貌没有发生明显变化,依旧为直径约1.0~2.0nm、长度250nm左右的纳米纤维。(化学)

软学科基本与人文社会科学相对应,其研究成果为对某种现象进行理解或鉴赏(托尼·比彻、保罗·特罗勒尔 2015)。正如托尼·比彻、保罗·特罗勒尔(2015)所指出的,社会科学的贡献就是对人们已知的事物给予更深刻的阐释。因此,在软学科中的研究中,较少涉及具有时间特性的研究过程(如实验),用于描述实验过程具有"现实"语态的"进行"类形式动词句相对较少。那么软学科中存在何种"非现实"语态形式动词句呢?周韧(2015)列出了非现实性常出现的语法环境,如假设、条件等。本文语料中的非现实形式动词句主要出现在以下四种语法环境中:

一是义务,基于研究发现,提出可供参考的建议,如例(4):

(4)其次,高校在帮助学生制定职业发展规划后,要继续进行阶段性的跟踪访谈,引导学生根据自己的职业规划来做出职业决策,避免他们在职业准备上的盲目跟风。(教育学)

二是假设,形式动词句作为假设的条件,如例(5):

(5)如果不对土地进行确权,不仅租出方担心土地租出后难以收回,更重要的是租入方也担心土地调整使其长期投资丧失,从而限制了土地流转。(管理学)

三是形式动词句的否定表述,如例(6):

(6)其三,任何外国商船不得在中国内外洋进行走私贸易。(历史学)

四是能力,如例(7):

(7)领主或管家可以对侵犯领主特权的村民进行指控,也可以对判决施加影响,但他们却不能取代法庭作出判决。(历史学)

以上是软学科中非现实形式动词句较常出现的语法环境,其也出现在未来、意愿等非现实语法环境中,此处不再一一举例。

其次是应用型学科与纯理型学科"进行"类形式动词句在及物性值上的表现差异,如图3、图4所示:

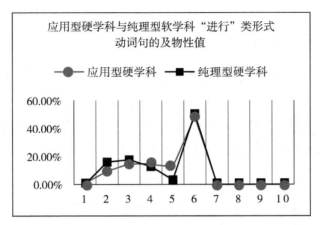

图 3 应用型硬学科与纯理型硬学科"进行"类形式动词句的及物性值

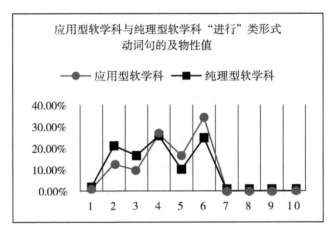

图 4 应用型软学科与纯理型软学科"进行"类形式动词句的及物性值

据图3、图4可知,硬学科中,应用型学科和纯理型学科"进行"类形式动词句在及物性值上没有表现出较大的差异;软学科中,应用型学科"进行"类形式动词句的及物性值高于纯理型学科。通过对及物性参数的进一步考察,我们发现软学科中,应用型学科"进行"类形式动词句在"意志性"和"语态"这两个参数上相较于纯理型学科更倾向于表现为高极。

首先是"意志性"参数上表现的差异。根据钟小勇(2017)对该参数的判定方式,能够进入"他劝服……"结构的句式在"意志性"上表现为高极。应用型学科论文多涉及数据的统计分析过程,当论述这一过程时,常省略主语,同样根据钟小勇(2017)的做法,可以根据参与者的需要补出,如例(8)。

(8)在原始编码的基础上,进行一级编码。(管理学)

例(8)在补出参与者"我们"之后,可以进入"他劝服……"结构,因此其"意志性"为高极。而在纯理型学科中,"进行"类形式动词句倾向于不省略主语,如例(9)。

(9) 随后,Nicolle 和 Clark(1999)使用了离线的方法进行了三个实验,重复了上述部分实验,得出相反的结果。(语言学)

类似于例(8)省略主语的用法在应用型软学科中所占比例为 30.30%,而在纯理型软学科所占比例为 11.70%,两者间具有显著性差异(卡方检验 $\chi^2 \approx 13.1, p<0.05$)。

其次是"语态"上的表现差异。应用型软学科中关于数据统计分析的表述多为现实性的。相较于应用型学科,纯理型学科更注重论证,主观性强,"非现实"的用法相对较多,如例(10)。

(10) 有些学者还试图在反例的基础上对左/右缘假说进行一些修正。(语言学)

4.2 形式动词句的话语功能

钟小勇(2017)根据小句的依附性来判定其所编码的信息类型,依附性小句编码背景信息,独立性小句编码前景信息。其中,依附性小句分为三类:名词化小句主语,关系从句,条件、假设和原因分句(不包括结果分句)。对于条件、假设和原因分句的判定,只有显性标记的,如原因分句中出现"因为"的,才能被看作是该类分句。

本文采取同样的判定方式,对汉语学术期刊论文中的"进行"类形式动词句进行标注,结果发现该类句式为独立小句的所占比例为 82.10%,说明该类句式在学术语篇中更倾向于编码前景信息。李晋霞、刘云(2021)指出论证语篇为"低及物性"语篇,其前景具有"低及物性"。上文中我们通过对形式动词句及物性的考察,发现该句式为"低及物性"句式,在带有论证性质的学术语篇中编码前景信息,与李晋霞、刘云(2021)的研究结果一致。

此外,我们还进一步考察了不同学科中"进行"类形式动词句的依附类型,结果如表 6 所示:

表 6 不同学科中"进行"类形式动词句的依附情况

类型	应用型硬学科占比	应用型软学科占比	纯理型硬学科占比	纯理型软学科占比
独立	83.05%	79.22%	88.30%	73.39%
依附	16.95%	20.78%	11.70%	26.61%

据表 6 可知,应用型硬学科中"进行"类形式动词句相较于应用型软学科更倾向于表现为独立形式(83.05%>79.22%),但两者之间的差异并不显著(卡方检验 $\chi^2 \approx 1.28, p>0.05$);纯理型硬学科中"进行"类形式动词句相较于纯理型软学科更倾向于表现为独立形式(88.30%>73.39%),两者之间具有显著性差异(卡方检验 $\chi^2 \approx 9.75, p<0.05$)。由此可知,纯理型硬学科中的"进行"类形式动词句相较于纯理型软学科更倾向于编码前景

信息。纯理型硬学科中,"进行"类形式动词句的功用在于将动态的研究过程静态化,使表述更符合正式语体的要求。纯理型软学科中,"进行"类形式动词句除上述功用外,还具有将研究过程指称化并对研究过程进行评论的作用。

4.3 学术语篇中形式动词句的要素构成

姜海艳(2020)认为形式动词句式所表述的是一个抽象动作事件语义范畴。其核心语义是"主体(主体要素)对某事物(对象要素)施加或实施(动作要素)了某种行为(行为要素)"。"形式动词后的名动词是对抽象事件的指称,形式动词与名动词之间是支配与被支配的关系"。该事件的事件要素分为框架要素、核心要素、非核心要素三类。抽象动作事件语义范畴的生成经历了三个环节:要素提取环节、要素指称环节、要素排列环节。要素提取环节,根据表达需求及话语语境决定哪些要素被提取;要素指称环节,决定以什么样的形式指称事件要素;要素排列环节,决定所提取的要素如何排列。下面以具体例句说明事件要素的判定。

首先是框架要素,包括动作要素和行为要素。根据姜海艳(2020),动作要素指形式动词本身,行为要素指形式动词后的名动词。因此,两类框架要素是每条例句都会出现的,如例(11)中的"进行"和"验证":

(11)在分析过程中,分别将驱动力和力矩导入 ADAMS 中作为输入,对患者穿戴优化后的步态矫形器进行了仿真验证,如图 12 所示。(机械工程)

其次是核心要素,包括主体要素和对象要素。例(12)中既有主体要素,也有对象要素,分别是"加利奥和卡茨"和"机会警觉性",而例(13)中仅有对象要素,如"苹果香精"。

(12)加利奥(C. M. Gaglio)和卡茨(J. A. Katz)对机会警觉性进行了研究,发现机会警觉性不仅仅体现在信息收集的努力程度上,更体现在对环境的正确感知、对机会非常"精明"的评价上。(教育学)

(13)国内近几年对苹果香精进行了较为系统的研究,建立了香精质量综合评价模型。(计算机)

最后是非核心要素,包括方式要素、时间要素等。例(14)中的"对比"即为方式要素,例(15)中除方式要素外,还包括地点要素和条件要素,如"在海南热带环境下""基于丰富的太阳能资源"。

(14)采用变量数为 20、子句数为 91 的处于相变区间的小规模随机测试用例对 ERACC、NER 和 SER 进行了对比实验,实验结果如表 1 所示。(计算机)

(15)本文在海南热带环境下基于丰富的太阳能资源,对 3 种不同类型的太阳能电池进行了性能参数、发电量、质量影响续航里程实验对比分析,所得到的结论

如下……(机械工程)

非核心要素中,对象要素、主体要素、方式要素是出现较多的三类要素,分别有72.50%、46.30%、36.80%的例句出现了以上三类要素。此外,本文还重点关注了"主体要素"的提取情况。

主体要素是语体分类的重要变量。在Longacre(1983)的语体分类中,是否关注动作行为主体是两大语体分类标准之一。其依据"有无时间连续性"和"是否关注动作行为主体"将语体分为叙事、操作指南、行为言谈、说明四类。本文所涉及的软学科和硬学科在"知者结构"上存在差异。具体来说,软学科属于典型的等级知者结构,在这种结构中,"知识主张是基于知者的个人属性——你是谁比你正在讨论的东西和如何讨论更加重要","硬学科具有水平知者结构,在该结构中,公认的科学探究原则或程序比知者是谁更为重要"。(Hood 2011;胡光伟、刘焰华 2020)基于以上学科知识特性,我们对"进行"类形式动词句中的"主体要素"进行了统计。结果如表7所示:

表7 不同学科"进行"类形式动词句中"主体要素"统计

要素	应用型硬学科占比	应用型软学科占比	纯理型硬学科占比	纯理型软学科占比
主体要素	42.37%	58.01%	30.32%	66.06%

据表7可知,软学科"进行"类形式动词句中出现主体要素的比例显著高于硬学科(应用型软学科＞应用型硬学科,纯理型软学科＞纯理型硬学科),说明软学科相较于硬学科更加看重"知者"在研究过程中的作用,在句中不省略主体要素。软学科中的主体要素以抽象主体(如"本文""本研究")、第三人称(如"有学者")、第一人称复数(如"我们")的形式出现,如例(16)—(18)。

(16)以上本文对地方政府杂办银支出规模和各项目的收支情况进行了梳理,可将该项目的收支特点总结为以下三点……(历史学)

(17)有学者对大学生创业认知性别差异进行了探索,发现女大学生创业者创业态度一般较务实、创业动机更多把创业当成就业失败的备择选项、更倾向文化创意类创业等。(教育学)

(18)根据龙果夫(1958:64—73)的论述,儿化和"儿"缀除了表示"小称"这个核心义之外,还表示其他的意义,我们对龙果夫的描写进行了一下概括梳理。(语言学)

而在硬学科中,主体要素较少出现,如例(19)—(20)。

(19)以0.6MN泵控油压机实验平台为依托,进行了常锻工况和快锻工况下的能耗特性实验研究,得出了常锻工况下的能耗分布规律。(机械工程)

(20)为了能够有效地进行分析,又能保证分析物的磷光光谱无损,首先对体系中产生的光谱背景漂移进行了扣除。(化学)

五 结语

形式动词是现代汉语中的一类特殊动词,以往研究多单独研究形式动词或形式动词与其宾语的关系。本文将形式动词句作为一个整体来研究,所选语料为形式动词句高频出现的汉语学术期刊论文,参考 Hopper & Thompson(1980)的及物性理论,考察该类体裁中"进行"类形式动词句的及物性、话语功能和要素提取情况。研究发现,学术期刊论文中"进行"类形式动词句表现出"低及物性",倾向于编码前景信息。此外,我们参考托尼·比彻、保罗·特罗勒尔(2015)的学科分类体系,考察了纯理型硬学科(物理学、化学)、应用型硬学科(计算机、机械工程)、纯理型软学科(语言学、历史学)、应用型软学科(管理学、教育学)四类学科中的"进行"类形式动词句。结果发现,硬学科"进行"类形式动词句相较于软学科及物性值更高,更倾向于编码前景信息,客观性更强。

注 释

① 原版著作 2001 年出版。
② 括号内为该学科大类的代表性学科。

参考文献

陈 禹(2019)说明语体中事件的句法配置,《语言教学与研究》第 4 期。
陈永莉(2006)形式动词构成的句式及其与"V+O"句式的变换——兼论变换前后的语用差异,《语言研究》第 3 期。
刁晏斌(2004)《虚义动词论》,南开大学博士学位论文。
冯胜利(2010)论语体的机制及其语法属性,《中国语文》第 5 期。
胡光伟、刘焰华(2020)学科性与学术语篇,《外语教学》第 2 期。
胡骏飞、陶红印(2017)基于语料库的"弄"字句及物性研究,《外语教学与研究》第 1 期。
胡裕树、范 晓主编(1995)《动词研究》,河南大学出版社。
姜海艳(2020)《抽象动作事件语义范畴与汉语形式动词》,吉林大学博士学位论文。
寇 鑫、袁毓林(2017)现代汉语"给 VP"结构的及物性分析,《汉语学习》第 6 期。
李桂梅(2012)形式动词句式的表达功效,《语言教学与研究》第 4 期。
李晋霞、刘 云(2021)论叙事语篇与论证语篇的及物属性,《当代修辞学》第 3 期。
吕叔湘主编(1980)《现代汉语八百词》,商务印书馆。

宋作艳(2011)轻动词、事件与汉语中的宾语强迫,《中国语文》第3期。
托尼·比彻、保罗·特罗勒尔(2015)《学术部落及其领地 知识探索与学科文化》(重译本),唐跃勤、蒲茂华、陈洪捷译,北京大学出版社。
王　惠(1997)从及物性系统看现代汉语的句式,《语言学论丛》第十九辑。
王永娜(2013)谈书面语中"动词性成分名词化"的语法机制,《华文教学与研究》第3期。
王永娜(2016)《汉语书面正式语体语法的泛时空化特征研究》,中国社会科学出版社。
朱德熙(1985)现代书面汉语里的虚化动词和名动词 为第一届国际汉语教学讨论会而作,《北京大学学报》(哲学社会科学版)第5期。
钟小勇(2017)重动句、把字句及物性差异及其话语动因,《世界汉语教学》第4期。
钟小勇(2020)汉语及物性研究的几个问题,《汉语学习》第4期。
周　刚(1987)形式动词的次分类,《汉语学习》第1期。
周　韧(2015)现实性和非现实性范畴下的汉语副词研究,《世界汉语教学》第2期。
Hood, S. (2011) Writing Discipline: Comparing Inscriptions of Knowledge and Knowers in Academic Writing. In Christie, F. & Maton, K. (eds.). *Disciplinarity: Functional Linguistic and Sociological Perspectives*, 106—128. New York: Continuum.
Hopper, P. J. & Thompson, S. A. (1980) Transitivity in grammar and discourse. *Language (Baltimore)*, 56(2), 251—299.
Longacre, R. E. (1983) *The Grammar of Discourse*. New York: Plenum Press.

作者简介

官雪,北京大学对外汉语教育学院在读博士,主要研究方向为面向第二语言教学的汉语语体语法研究。Email:gongxue@stu.pku.edu.cn。

汲传波,北京大学对外汉语教育学院教授,博士生导师,主要研究方向为面向第二语言教学的汉语语体语法研究、教师认知研究。Email:jichuanbo@pku.edu.cn。

汉语学习者三合元音声学分析和母语者评估实验

王　璐[1]　姚昭璞[2]

1　南京师范大学国际文化教育学院　2　北京大学对外汉语教育学院

提　要　本文对口音汉语在线语料库三类母语背景汉语学习者的三合元音样本进行了声学分析和母语者评估实验研究。声学分析发现，时域上，所有学习者均存在各成分等长倾向；频域上，部分学习者存在韵腹、韵尾偏差及整体动程不足的问题。母语者评估实验表明，时域和频域信息对不同母语背景的汉语学习者口音感知产生了不同程度的影响，而频域信息对言语理解的影响远大于时域信息，这与时域信息在汉语中不承担音位功能有关。

关键词　三合元音　汉语　声学分析　口音度　可懂度

一　引言

世界语言的元音系统存在差异，有的相对简单，有的比较发达。（李辉 2013；Hu 2017）汉语的三合元音是由三个元音成分构成的复合元音，就属于比较复杂的情况。复合元音是由两个或三个元音结合构成的整体。发复合元音时，舌头从一个元音滑到另一个元音的地位上；听复合元音时，一般人不会感觉它是两个或三个不同成分的结合体（罗常培、王均 1981）。不同语言中的复合元音情况不尽相同，不同母语背景的汉语学习者在复合元音方面的偏误也有所不同。国别化的复合元音偏误问题已经引起了不少学者的关注（陈珺 2007；王茂林、孙玉卿 2007；邓丹 2010；吉祥波 2012；宋时黄 2013 等），但跨国别的研究还相对缺乏。冉启斌等 2016 年构建的"口音汉语在线（GAC）"语料库[①]收集了二十余种母语背景学习者口音样本，为探讨不同母语背景学习者的语音特点提供了数据基础，另外，冉启斌、于爽（2019）通过统计典型汉语语音偏误条目数据发现，汉语复合元音是跨母语背景下学习者最容易发生偏误语音问题。

不同母语背景的汉语学习者的三合元音语音有哪些声学特征？又有哪些特征会对汉语母语者的感知和理解造成影响？本研究对语料库中的不同母语背景的汉语学习者样本进行声学分析，对频域、时域上的特点进行考察，并通过母语者评估实验进一步探讨影响感知理解的声学相关特征。

二 相关研究

2.1 复合元音声学研究

Lehiste & Peterson(1961)、Holbrook & Fairbanks(1962)分析英语二合元音最早指出,二合元音包含两个目标位置(target),具体可以分为起始段(onset)、过渡段(transition)和收尾段(offset)三段。Peeters & Schouten(1989)、Fokes & Bond(1993)分析德语、荷兰语和英语的复合元音发现,复合元音可以分为真性和假性两类,其判断条件有三:一是共振峰模式,真性复合元音所包含的各个元音成分均有较长稳定段,如图1中的实线所示,真性二合元音/ai/的a和i段共振峰曲线相对稳定,而假性复合元音的共振峰稳定段很短,一般处在滑动中,如图1中的虚线所示;二是音强分布,真性复合元音的音强曲线呈马鞍形,而假性复合元音的音强峰值落在强度较强的某个成分上;三是时长占比,真性复合元音中各个成分的时长占比均等,而假性复合元音内强势成分的时长占比更大(鲍怀翘1989)。

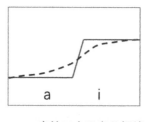

—— 真性二合元音共振峰
---- 假性二合元音共振峰

图1 真性、假性复合共振峰模式示意图

关于汉语普通话复合元音的模式,有研究者认为其不存在稳定段,属于假性复合元音(曹剑芬、杨顺安 1984),也有研究者认为起始段和首尾段存在稳定部分(贺宁基1985),王萍(2019)通过对上百位汉语母语者所发的前响二合元音共振峰模式进行大样本统计分析发现,汉语普通话二合元音内部表现并非完全同质,总体上韵腹的稳定段只出现在少数发音人中,比例较低。学者对汉语普通话三合元音模式也有一定的研究,曹剑芬、杨顺安(1984),林焘、王理嘉(1992)以及孔江平(2015)等对汉语普通话复合元音的共振峰模式进行了充分描写,一般认为汉语三合元音只有假性而无真性(鲍怀翘1989),韵头很快过渡到位于中间位置的韵腹,韵腹发音清晰响亮,韵头和韵尾较弱。

2.2 汉语复合元音习得研究

不同母语背景的汉语学习者习得元音的情况不同,针对复合元音偏误的国别化研究很早就已展开。20世纪90年代开始,刘明章(1990)、李艾(1994)、李红印(1995)、余维(1995)等研究者从语言对比的角度出发,针对朝鲜、柬埔寨、泰国、日本等国学习者,分析其包括复合元音在内的语音偏误。王茂林、孙玉卿(2007)最早专门就学习者的复合元音偏误进行了探讨,通过对印度尼西亚学习者的三合元音进行声学分析,发现其存在韵腹不到位、韵尾过头等问题。陈珺(2007)对韩国学习者的韵母偏误进行描述性分析和统计发现,复合元音的偏误主要在于多个音素连贯发音的动程问题。邓丹(2010)通过声学分析对美国学习者前响、后响、中响复合元音的偏误进行了全面的考察,认为其偏误表现在音值和时间比例两个方面。吉祥波(2012)从四呼入手,对阿拉伯学习者的韵母偏误进行分析,结果发现撮口呼的问题最为显著。宋时黄(2013)考察韩国学习者后响二合元音的习得情况,得出了发音和听觉两个层面的难度序列。

声学分析能够对学习者偏误进行充分的声学参数描写,但物理量的偏差会否被听者感知还需感知研究的进一步分析。一些研究通过教师听辨(吉祥波 2012)、母语者听辨以及学习者听辨(宋时黄 2013)的方式对复合元音习得进行了考察,但大多数研究出发点仍是立足于学习者要以母语者语音为标准,这样的母语者原则(Nativeness Principle)在实际教学中其实是很难达到的,学习者的外语口音是普遍存在的客观事实(Birdsong 2005)。针对英语二语学习者的实证研究表明,外语口音未必妨碍理解与交际(Munro & Derwing 1995;Derwing & Munro 2009),研究者由此提出可懂性原则(Intelligibility Principle)。以可懂性为导向的二语语音研究强调并不需要消除所有的口音,而是应当关注口音中真正影响言语理解的成分或特征(Levis 2005;Munro & Derwing 2015)。英语相关研究对外语口音中的超音段成分如语调(Riazantseva 2001)、重音(Hahn 2004),音段成分如辅音的嗓音启动时间(Birdsong 2007;Hayes-Harb et al. 2008)、元音的共振峰(Nygaard et al. 2006;Chan et al. 2016)等因素对可懂性的影响进行了大量探讨,汉语的相关研究还比较少见,目前只有张林军(2015、2017)进行了句子单位的实验,尚未见到汉语学习者元音或辅音音段层面的相关研究。

关于汉语学习者的复合元音研究已累积了相当多的成果,但仍存在进一步研究的空间。一是已有研究以描述性分析居多,量化的声学分析和感知实验研究还相对缺乏;二是已有研究多为较零散的国别化偏误分析,对不同母语背景的学习者综合分析还很缺乏;三是已有研究多以母语者语音为标准,少有可懂性目标下的感知研究。本研究基于"口音汉语在线"语料库,对不同类型母语背景的汉语学习者三合元音语音进行尽可能全面的考察,结合声学分析和母语者评估实验,探讨对不同母语背景学习者而言,真正影响三合元音理解的重要声学特征。

三　汉语学习者三合元音声学分析

3.1　语料及声学分析方法

为考察不同母语背景学习者三合元音的声学特点,本研究选取了"口音汉语在线"语料库中三类十二种母语学习者语料(见表1)。

表1　三类十二种语言的复合元音情况

复合元音情况	具体语言
A 有二合、三合元音	(1)西班牙语(2)葡萄牙语(3)越南语(4)泰语
B 只有二合元音	(5)英语②(6)韩语(7)德语(8)阿拉伯语
C 没有复合元音	(9)法语(10)日语(11)俄语(12)土耳其语

为避免辅音对元音协同发音的影响以及声调对元音共振峰模式的影响,我们选择了含 4 个三合元音 iao[iau]、iou[iou]、uai[uæi]、uei[uei]的零声母或擦音声母音节作为样本,声调均为高平调,每类母语背景共计 4×10 个音节样本,还有 2 名汉语母语者发音人,共有 4×10×14=560 个样本。

本研究从时域、频域两个维度对语音样本进行声学分析。时域上,首先在 Praat 软件中标注各个元音成分相对稳定段及其过渡段,其中稳定段共振峰曲线变化很小,同时听感上为稳定单元音。图 2 是时域分析的示意图,以三合元音 uai 为例,图中音节稳定的 u 段时长 60ms,u-a 过渡段 40ms,稳定的 a 段时长 70ms,a-i 过渡段 110ms,稳定的 i 段 70ms,我们将过渡段平均分配到前后成分进行计算,即 u 段计作 80ms,a 段计作 145ms,i 段计作 125ms。频域上,一般认为元音的第一共振峰 F1 和第二共振峰 F2 主要决定元音的音质(鲍怀翘 1989),为获得韵头、韵腹、韵尾的端点音值,我们通过 Praat 软件的共振峰列表(Formant Listing)功能获取三合元音中三个元音成分相对稳定的标注段的共振峰 F1、F2,并作分析统计。

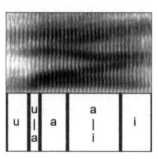

图 2　元音时域分析标注示例

3.2 声学分析结果

3.2.1 时域分析

对语料库中汉语母语者四类三合元音样本的时间结构进行计算,并对韵头、韵腹、韵尾各部分占比取平均值,结果如表 2 所示。

表 2　汉语母语者三合元音时间结构

韵母的结构	iao 占比	uai 占比	iou 占比	uei 占比
韵头	23.9%	25.3%	23.5%	25.6%
韵腹	45.8%	44.9%	42.9%	42.5%
韵尾	30.3%	29.8%	33.6%	31.9%

由上表可知,三个成分中韵腹占比最大,其中,iao 和 uai 的韵腹占比(平均值 45.4%)要高于 iou 和 uei(平均值 42.7%),因此以下我们将分成 iao 和 uai、iou 和 uei 两组,对学习者时间结构分别进行了计算。如图 3、图 4 所示,是十二种母语背景的学习者和汉语母语者两组三合元音样本的时间结构比例,按照韵腹占比从大到小的顺序排列。

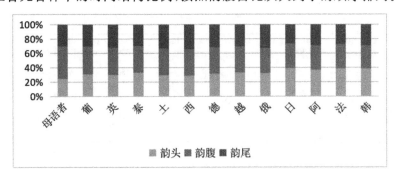

图 3　汉语母语者和汉语学习者三合元音时间结构(iao、uai)

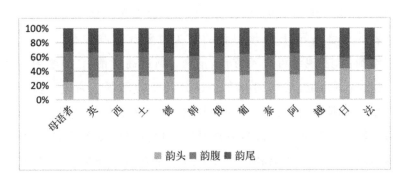

图 4　汉语母语者和汉语学习者三合元音时间结构(iou、uei)

经统计,第一组三合元音(iao、uai),A、B、C 三类学习者的韵腹占比均值依次为 37.3%,35.4%,35.4%,均远低于母语者韵腹占比值(45.4%);第二组三合元音(iou、 uei)，A、B、C 三类学习者三合元音的韵腹占比均值依次为 31.2%，32.5%，23.5%，同样低于母语者(42.7%)。三类学习者的韵腹占比值之间均不存在类别间的显著差异，虽然从数值上看，第二组的 C 类学习者韵腹占比值明显低于其他各组，这是由于部分学习者在发音时丢掉了 iou、uei 中的韵腹，误将三合元音发成二合元音，这也导致了 C 类学习者的组内差异很大。因而，不同母语背景类别的学习者时间结构没有表现出数据上显著的组间差异。观察图 3、图 4 可以发现，较之母语者的两组三合元音时间结构，大部分汉语学习者普遍在时间结构上将三个元音成分倾向于处理为等长，而没有能够凸显韵腹的重要性。

3.2.2 频域分析

通过对三类学习者四组三合元音的端点共振峰值 F1、F2 进行方差分析，我们发现各组元音共振峰数据组间差异显著，因此我们将三类学习者各元音端点共振峰值各自取平均值，与母语者数据进行对比，画成对应舌位的声学空间图(图 5)，其中纵坐标为 F1，横坐标为 F2，单位为 Hz。

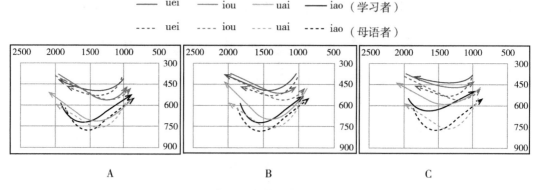

图 5　汉语母语者和三类学习者三合元音声学元音图

如上图所示，A 类学习者韵头、韵腹、韵尾三个端点在声学空间图上的位置均没有表现出与母语者的显著差异；B 类学习者的韵头位置音值偏差不大，uai 和 uei 的韵腹较之母语者不够到位，表现为舌位不够低，韵尾 i 则过高过前；C 类学习者的韵头位置偏差不大，韵腹发音不到位，韵尾同样存在过分到位的问题。为进一步说明三类学习者三合元音的整体动程量的变化情况，我们根据共振峰变化量公式 $\Delta F = \Delta F1 + \sqrt{\Delta F2}$ (Flanagan 1972，转引自贺宁基 1985)，对共振峰变化量(Hz)进行了计算，结果如图 6 所示，A 类学习者动程量基本与母语者持平，B 类学习者的动程量略低于 A 类，C 类动程量最低。

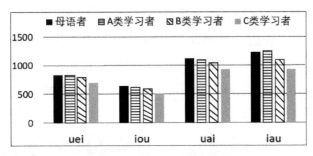

图 6　三合元音动程变化量

表 3 整理了三类学习者产出的三合元音在时域和频域上表现出的不同特点。

表 3　三类学习者三合元音声学特点

类别	时域	频域
A	等长	无明显偏差
B	等长	韵腹不到位/韵尾过头/整体动程不足
C	等长/韵腹过短	韵腹不到位/韵尾过头/整体动程不足

综上所述,A 类学习者母语背景中有三合元音,掌握汉语三合元音一般而言困难不大,声学分析表明其韵头、韵腹、韵尾端点音值均无明显偏差,但由于汉语三合元音三个成分并不均等,在时长上要求突出韵腹,与一些语言,如越南语、泰语中复合元音各个成分相当的特点不同,学习者将母语复合元音规律迁移至汉语,就会出现时域上各成分等长的偏差。而 B、C 两类学习者在时域上的问题与 A 类基本相同,其在频域上存在韵腹不到位和韵尾过头的音值偏差的问题。整体上动程变化量不足,是 B、C 两类学习者产出三合元音在共振峰模式上的共同特点。

四　母语者对学习者三合元音的评估实验

4.1　实验方法

4.1.1　实验材料

根据声学分析的结果,我们知道,A 类学习者的三合元音存在时域问题,B、C 类学习者存在时域和频域两方面问题,因此,本研究选取 A 类(泰语)和 B 类(阿拉伯语,简称阿语)各一种学习者语料作为感知样本。其中,泰语是一个元音系统比较发达的语言(Tingsabadh & Abramson 1993),有二合元音 12 个,三合元音 3 个,阿语的元音系统则比较简单,只有 a、i、u 三个顶点元音。

为考察学习者时域、频域上的声学特征对感知的影响,我们总共确定了以下七组感知样本,(1)—(3)分别为汉语母语者、阿语母语者、泰语母语者样本;其中(4)—(7)为合成样本,(4)为汉语端点音值+阿语时间结构,(5)为汉语端点音值+泰语时间结构,(6)为汉语时间结构+阿语端点音值,(7)为汉语时间结构+泰语端点音值,共计4×7个刺激材料。下面简要说明样本合成,如图7所示,(a)、(b)是对样本时间结构的调整,(c)、(d)是对样本端点音值的调整。

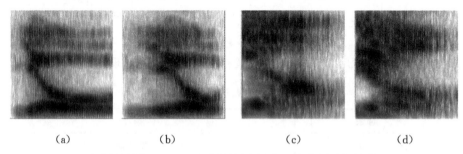

(a)汉语母语者iou (b)汉语母语者样本置换泰语时间结构iou
(c)汉语母语者iao (d)汉语母语者样本置换阿语端点音值iao

图7 合成样本语图

首先说明样本时间结构的合成。上图(a)为母语者的iou样本,我们在Praat软件中的Manipulate—To manipulation,按照泰语母语者的时间结构对相应元音成分进行伸缩,主要是减小韵腹的时长占比,将其整体置换为泰语母语者时间结构,得到如图7(b)所示的合成样本,即第(5)组样本。对样本的端点音值的调整采用的是Winn于2016年基于LPC算法编写的共振峰改写脚本[③],图7(c)为母语者的iao样本,我们将母语者样本端点音值修改为对应的阿语母语者音值,得到置换成阿语者端点音值的合成样本,如图7(d)所示,属于第(6)组样本。

4.1.2 被试及实验过程

被试为30名汉语母语者,普通话二级甲等及以上,均为大学在校生,男女各半。母语者评估实验分为口音感知实验和可懂性实验。口音感知实验要求被试对语音的外语口音度进行评分,范围为1分(没有外语口音)到9分(有很重的外语口音)。可懂性实验要求被试用拼音转写语音,可不写声调,同时评定理解语音的难度,范围为1分(非常容易理解)到9分(非常难理解)。实验使用E-Prime 1.1软件进行,每个刺激材料播放4遍,顺序随机。每个实验总共需要完成4×7×4=112次评定,时长约为30分钟。

4.2 实验结果

参照已有研究(Munro & Derwing 1995;Flege et al. 2006),根据口音感知实验结果,计算出所有被试评分的平均值,得到各样本的外语口音度;根据可懂性实验转写结果计算正确率,得到样本可懂度;根据被试对样本理解难度的评分计算平均值,得到样本的理解难度。最终得出七组样本的口音度、可懂度及理解难度结果(见表4)。

表4 七种样本的评估结果

三种评估	(1)汉语母语者	(2)阿语母语者	(3)泰语母语者	(4)汉语音值+阿语时间	(5)汉语音值+泰语时间	(6)汉语时间+阿语音值	(7)汉语时间+泰语音值
口音度	1.05	6.20	3.80	2.45	2.30	4.85	1.45
可懂度	100.0%	90.2%	95.5%	96.4%	97.3%	92.0%	96.4%
理解难度	1.00	4.90	2.95	1.55	1.65	3.20	1.60

经统计，口音度方面，阿语母语者样本外语口音度最高，替换其时间结构和端点音值，都能使得口音度显著降低(1.35,3.75)，后者更为有效(p＜0.05);对于泰语母语者来说，替换时间结构和端点音值也都能使其口音度降低(2.35,1.50)，前者更为有效(p＜0.05)。可懂度方面，阿语母语者样本可懂度最低，替换时间结构和端点音值均能提升其可懂度(1.8%,6.3%)，后者更为有效(p＜0.05);对于泰语母语者来说，替换时间结构对可懂度的影响非常微小(p＞0.05)，替换端点音值能在一定程度上提升可懂度(1.8%)。理解难度方面，阿语母语者样本理解难度最大，替换时间结构和端点音值均能降低理解难度(1.70,3.35)，后者更为有效(p＜0.05);对于泰语母语者来说，替换时间结构和端点音值对理解难度的影响都比较小(p＞0.05)。

4.3 分析与讨论

总的来说，时域和频域信息对不同母语背景学习者三合元音的口音度、可懂度以及理解难度产生了不同程度的影响。张林军(2015)指出，对外语口音感知有重要影响的语音特征会因学习者母语的不同而有所差别，本研究对泰语和阿语母语者的实验也验证了这一点。如前所述，泰语的元音系统比较发达，既有二合元音，又有三合元音，学习者要掌握汉语元音准确的发音位置并不困难，这也体现在其频域信息偏差很小。泰语系统中元音分长短，其复合元音时间结构受长短元音影响，学习者在习得汉语复合元音时会迁移母语的时间结构，因而时域特征对泰语母语者的口音感知有重要意义。阿拉伯语的元音系统则相对简单(Thelwall & Sa'Adeddin 1990)，施光亨(1980)曾指出，阿语母语者不同于英语母语者，其学习汉语韵母的难度要大于声母。对于阿语母语者来说，习得汉语三合元音的难点不仅在于时间结构特点的把握，由于其母语系统中只有顶点元音，还在于韵腹、韵尾成分的发音位置和方法的掌握。从评估实验结果来看，后者对阿语者口音感知的贡献更为突出。

尽管时域信息被证明对泰语母语者的口音感知有重要影响，但对于可懂性实验来说，替换时间结构对泰语母语者的可懂度、理解难度数据的影响不大。这或许可以从功能负担量(function load)的角度进行解释,这一概念可以追溯到 Hockett(1967)和 Wang (1967)的研究,是指具体语言音位系统内,音位结构、音位分布和音位功能的负担。近年来,不少研究者重新关注音位功能负担量对言语理解的影响(Munro & Derwing 2006;Suzukida & Saito 2021、2022)。关于非英语母语者误读/θ/的研究表明,这一误读虽然是口音感知的重要特征,但并不会影响言语理解,正是因为/θ/在英语音位系统中的功能负担量很小,所以不会阻碍言语理解(Munro & Derwing 2015)。本研究探讨的复合元音时长模式,在一些语言,如泰语等壮侗语族语言中承担了区分意义的音位功能,但在汉语系统中并不具备这一功能。因此,汉语三合元音的时间结构虽然能够影响外语口音的感知,但对音位系统而言没有区分意义的作用,也就不会对言语理解造成影响。通过对以上感知结果的分析,我们可以发现频域信息较之时域信息影响更大,我们需要在学习和教学中重视真正影响言语理解的声学特征,否则有可能在一定程度上改善了学习者的外语口音,却没有提高产出言语的可懂性。

通过以上分析不难发现,口音感知实验和言语理解实验结果是存在一定差异的。但不可否认的是,口音度和可懂度、理解难度的数据结果均呈现出了一定的相关关系,我们对口音度和可懂度、理解难度的斯皮尔曼 ρ 相关性分析结果显示,相关系数 ρ 分别为 $-0.78(p<0.05)$,$0.82(p<0.05)$,说明口音度和可懂度、理解难度均为高度相关关系。Munro & Derwing(1995)最早对汉语母语者产出的英语句子的感知研究发现,得到的口音度和言语理解性数据并不相关,我们认为,这可能是由于句子的语境影响了言语理解,如果对孤立音节进行感知,研究结果则可能不同,因此本研究口音感知与理解性数据呈现出相关关系。由于口音感知较之言语理解,属于初级层面的加工(张林军 2015),口音感知并不要求听者进行深层次的言语理解加工,听者会把注意力更多地放在语音形式上,这也就能够解释口音度和理解难度同样是听者主观评定,但前者评分要比后者更为苛刻,这也体现了口音感知和言语理解的相对独立性。

五 结语

本研究根据母语背景中复合元音的情况将学习者分为三类,通过对三类学习者的三合元音样本进行声学研究,发现其时域和频域上的不同特点:(1)所有学习者的三合元音时间结构均有等长倾向,没有突出韵腹;(2)母语中没有三合元音的学习者存在韵腹不到位、韵尾过头以及整体动程不足的问题。评估实验选取了有一定代表性的泰语、阿语母语者为样本,结合主观评定和客观听辨的方式,考察了时域和频域信息对不同母语背景学习者的口音度、可懂度以及理解难度的影响,结果表明:(1)口音感知方面,时域和频域信息对不同母语学习者产生了不同程度的影响;(2)言语理解方面,时域信息由于在汉语系统中不承担音位功能而产生的影响比较有限。

学习者的外语口音是普遍存在的客观事实,我们对汉语学习者与母语者的语音偏差已进行了大量的描写,而对于影响言语理解的语音特征的探讨还很不够。本研究以三合元音为例,对汉语口音在音段层面的感知进行了初步探讨,其他音段和超音段成分的影响,还有待进一步考察和分析。由于对感知和理解的测量要比声学分析对物理量的测量困难得多,目前学界广泛使用的方法包括本研究采用的转写法,以及正误判断、理解测试等行为实验,哪种方式能够更充分地揭示言语理解的真实情况还有待商榷。另外,由于本文对学习者母语背景的分类还很初步,主要考虑其复合元音的情况,进一步研究如能综合考虑学习者母语元音系统的具体音值,或许能对时域、频域的特征作出更为完善详尽的分析。

注 释

① 网址为 http://www.globalaccentchinese.com。(访问日期:2022年6月1日)
② 有研究者认为英语中的 our[auə]为三合元音,实际上 our 是中间元音弱,两头更强。本研究认为按一个音节一个重音的规则,our 应该算两个音节,不是真正的三合元音。
③ http://www.mattwinn.com/praat/Make_Formant_Continuum_v37.txt。(访问日期:2022年6月1日)

参考文献

鲍怀翘(1989)元音声学分析,《实验语音学概要》(吴宗济、林茂灿主编),87—98页,高等教育出版社。
曹剑芬、杨顺安(1984)北京话复合元音的实验研究,《中国语文》第6期。
陈　珺(2007)韩国学生韵母偏误的发展性难度和对比难度分析,《云南师范大学学报》(对外汉语教学与研究版)第2期。
邓　丹(2010)美国学习者汉语复合元音的偏误分析,第九届中国语音学学术会议论文集,489—494页,2010.5.28,南开大学。
贺宁基(1985)北京话二合元音感知中的时间因素,《北京语音实验录》(林焘、王理嘉等著),196—224页,北京大学出版社。
吉祥波(2012)阿拉伯汉语初学者韵母偏误分析,《海外华文教育》第2期。
孔江平(2015)《实验语音学基础教程》,北京大学出版社。
李　艾(1994)汉柬语音对比与汉语语音教学,《世界汉语教学》第2期。
李红印(1995)泰国学生汉语学习的语音偏误,《世界汉语教学》第2期。
李　辉(2013)世界元音多样性和类型学初探,《语言研究集刊》第十辑。
林　焘、王理嘉(1992)《语音学教程》,北京大学出版社。

刘明章(1990)语音偏误与语音对比——谈朝鲜人汉语语音教学问题,《汉语学习》第5期。

罗常培、王　均(1981)《普通语音学纲要》,商务印书馆。

冉启斌、顾　倩、马　乐(2016)国别典型汉语语音偏误及口音汉语在线系统开发,《语言教学与研究》第4期。

冉启斌、于　爽(2019)汉语语音偏误的特点与模式——基于25种母语背景学习者的偏误条目数据的分析,《世界汉语教学》第3期。

施光亨(1980)对阿拉伯学生进行汉语语音教学的几个问题,《语言教学与研究》第2期。

宋时黄(2013)韩国学生习得汉语普通话后响元音的分析与探索,《云南师范大学学报》(对外汉语教学与研究版)第4期。

王茂林、孙玉卿(2007)印尼华裔留学生汉语三合元音韵母偏误分析,《世界汉语教学》第1期。

王　萍(2019)汉语普通话前响二合元音共振峰模式的异质性表现,《语言科学》第3期。

余　维(1995)日、汉语音对比分析与汉语语音教学,《语言教学与研究》第4期。

张林军(2015)音段和韵律信息对汉语外口音感知及言语可懂度的影响,《世界汉语教学》第2期。

张林军(2017)不同背景噪音对二语学习者汉语言语理解的影响,《世界汉语教学》第3期。

Birdsong, D. (2005) Interpreting age effects in second language acquisition. In Kroll, J. F. & De Groot, A. M. B. (eds.). *Handbook of Bilingualism: Psycholinguistic Approaches*, 109—127. New York: Oxford University Press.

Birdsong, D. (2007) Nativelike pronunciation among late learners of French as a second language. In Bohn, O. S. & Munro, M. J. (eds.). *Language Experience in Second Language Speech Learning*, 99—116. Amsterdam: John Benjamins.

Chan, K. Y., Hall, M. D. & Assgari, A. (2016) The role of vowel formant frequencies and duration in the perception of foreign accent. *Journal of Cognitive Psychology*, 29(1), 1—12.

Derwing, T. M. & Munro, M. J. (2009) Putting accent in its place: Rethinking obstacles to communication. *Language Teaching*, 42(4), 476—490.

Flege, J. E., Birdsong, D., Bialystok, E., Mack, M., Sung, H. & Tsukada, K. (2006) Degree of foreign accent in English sentences produced by Korean children and adults. *Journal of Phonetics*, 34(2), 153—175.

Fokes, J. & Bond, Z. S. (1993) The elusive/illusive syllable. *Phonetica*, 50(2), 102—123.

Hahn, L. D. (2004) Primary stress and intelligibility: Research to motivate the teaching of suprasegmentals. *TESOL Quarterly*, 38(2), 201—223.

Hayes-Harb, R., Smith, B. L., Bent, T. & Bradlow, A. R. (2008) The interlanguage speech intelligibility benefit for native speakers of Mandarin: Production and perception of English word-final voicing contrasts. *Journal of Phonetics*, 36(4), 664—679.

Hockett, C. F. (1967) The quantification of functional load. *Word*, 23, 320—339.

Holbrook, A. & Faibanks, G. (1962) Diphthong formants and their movements. *Journal of Speech and Hearing Research*, 5(1), 38—58.

Hu, F. (2017) Toward a dynamic theory of vowel production. *The Journal of the Acoustical Society of America*, 142(4), 2579.

Lehiste I. & Peterson, G. E. (1961) Transition, glides and dighthongs. *Journal of the Acoustical Society of America*, 33, 268—277.

Levis, J. M. (2005) Changing contexts and shifting paradigms in pronunciation teaching. *TESOL Quarterly*, 39(3), 369—377.

Munro, M. J. & Derwing, T. M. (1995) Foreign accent, comprehensibility, and intelligibility in the speech of second language learners. *Language Learning*, 45(1), 73—97.

Munro, M. J. & Derwing, T. M. (2006) The functional load principle in ESL pronunciation instruction: An exploratory study. *System*, 34(4), 520—531.

Munro, M. J. & Derwing, T. M. (2015) A prospectus for pronunciation research in the 21st century: A point of view. *Journal of Second Language Pronunciation*, 1(1), 11—42.

Nygaard, L. C., Sidaras, S. K., Duke, J. E. & Rasmussen, S. T. (2006) Acoustic correlates of accentedness and intelligibility of Spanish—accented English vowels. *The Journal of the Acoustical Society of America*, 120(5), 3170.

Peeters, W. & Schouten, B. (1989) Diphthongization of west-germanic long closed vowels in the limburg dialect. *Zeitschrift fur Dialektologie und Linguistik*, 3, 309—318.

Riazantseva, A. (2001) Second language proficiency and pausing: A study of Russian speakers of English. *Studies in Second Language Acquisition*, 23(4), 497—526.

Suzukida, Y. & Saito, K. (2021) Which segmental features matter for successful l2 comprehensibility? Revisiting and generalizing the pedagogical value of the functional load principle. *Language Teaching Research*, 25(3), 431—450.

Suzukida, Y. & Saito, K. (2022) What is second language pronunciation proficiency? An empirical study. *System*, 106, 102754.

Thelwall, R. & Sa'Adeddin, M. A. (1990) Arabic. *Journal of the International Phonetic Association*, 20(2), 37—41.

Tingsabadh, M. R. K. & Abramson, A. S. (1993) Thai. *Journal of the International Phonetic Association*, 23, 24—28.

Wang, W. S-Y. (1967) The measurement of functional load. *Phonetica*, 16(1), 36—54.

作者简介

王　璐，南京师范大学国际文化教育学院教师，主要研究方向为汉语二语语音习得与教学。Email: wanglulj@nnu.edu.cn。

姚昭璞，北京大学对外汉语教育学院在读博士，主要研究方向为汉语二语词汇习得与教学。Email: yzp911206@pku.edu.cn。

讲透汉语知识，讲好中国故事

——国际中文教育时代的语言要素教与研问题

李红印

北京大学对外汉语教育学院

提　要　语言要素教学是新中国对外汉语教学的核心内容，是重中之重，新中国对外汉语教学发展史就是一部汉语言要素教与研发展史；国际中文教育时代仍需进一步搞好汉语言要素的教与研，讲透汉语知识，讲好中国故事。新时代语言要素教与研应更加"教学化""叙事化"和"精细化"，成果要更加"资源化"，继承传统，开拓创新。

关键词　国际中文教育　语言要素教与研　教学化　叙事化　精细化　资源化

对外汉语教学事业发展到今天，进入了国际中文教育时代。国际中文教育时代如何继承传统，将对外汉语教学事业发扬光大，是摆在我们面前的任务。马箭飞（2022）指出，应"努力推动国际中文教育事业实现新突破、取得新发展、再上新台阶"。要取得新发展、再上新台阶，就要抓住对外汉语教学发展的时代契机，响应国家"讲好中国故事、传播好中国声音""要广泛宣介中国主张、中国智慧、中国方案"的号召，在讲透汉语知识方面下功夫，为世界国际中文教育提供中国智慧和中国方案。

讲好中国故事涉及方方面面的工作。在国际中文教育领域，讲透汉语知识、讲好汉语知识是"讲好中国故事"的基础，因此，本文将主要围绕国际中文教育如何讲透汉语知识这一问题展开讨论。

讲透汉语知识本质上就是如何进一步搞好汉语言要素教学与研究。语言要素教学始终是对外汉语教学的核心内容，是重中之重。新中国对外汉语事业发展初期，对外汉语教学事业便围绕着如何教好汉语语音、词汇、语法等语言要素开展各方面工作；此后开展的教学实验、教学改革、教材编写、语法词汇汉字等级大纲研制、HSK 考试研制、HSK 考试辅导用书编写和汉语学习词典编纂等工作，也都紧紧围绕着汉语言要素教学展开。

不夸张地说,新中国对外汉语教学发展史就是一部汉语言要素教与研发展史,国际中文教育新时代我们仍需进一步搞好语言要素的教与研。

一 新中国对外汉语教学十分重视语言要素的教与研

1953年,周祖谟先生发表新中国对外汉语教学首篇论文《教非汉族学生学习汉语的一些问题》,指出教汉语必须从语言的基础出发,使学的人能够实际掌握汉语的语音、词汇和语法,能用汉语做交际工具,必须注重词汇教学和语法教学,这是汉语教学的基本原则。(程裕祯主编 2005)1957年邓懿发表《用拼音字母对外国留学生进行汉语教学》,1960年杜荣发表《用汉语拼音教外国人学习汉语的一些体会》,这两篇文章专门讨论了如何使用汉语拼音对留学生展开汉语教学的问题,对于在对外汉语教学中推广刚出台不久的汉语拼音方案,起到了重要的作用。(程裕祯主编 2005)

1958年9月,邓懿主编的新中国第一部对外汉语教材《汉语教科书》(俄语注释本)正式出版。教材以语法为纲,根据外国人学习汉语的需要,对汉语语法做了独具特色的切分和编排,突出汉语某些独特的语法特点。《汉语教科书》(俄语注释本)有四个特点:(1)教学内容以语法为纲,课文和练习为语法点服务;(2)重视语言知识的教学,对语音、语法做简明扼要和比较系统的解释;(3)语法分析重结构形式;(4)语法点的分割、选择、排序和解释,吸收了50年代语法研究成果,照顾了外国留学生的需要,初步体现了对外汉语教学的特点。(程裕祯主编 2005)

此后,新中国对外汉语语言要素教与研通过教学实践与模式探索、教材编写、词表及HSK大纲研制、论著发表及工具书编纂等方式不断发展。

教学实践与模式创建。李泉(2019)指出,20世纪50年代,对外汉语教学创建了"语文分开"和"语文并进"两种模式,为解决口语教学("语")和汉字及书面语教学("文")的矛盾探索了路径。

教材编写。1981年,刘珣等编写的《实用汉语课本》问世,这是国内出版的第一部专供国外学校使用的基础汉语教材。教材从汉语特点出发,采取句型、功能和结构相结合的原则,通过句型训练、功能项目操练及语法分析等,达到最佳的语言教学效果。重视语言知识体系讲授是《实用汉语课本》的特点之一,编者对语法意义和语法规则做了比较详细、周全的描写。(程裕祯主编 2005)该教材因此成为世界范围内使用区域最广、使用时间最长的基础汉语教材。与此同时,各类教材百花齐放,《新实用汉语课本》《快乐汉语》《当代中文》《发展汉语》《博雅汉语》等相继出版。(李泉 2019)

等级标准与等级大纲研制。1987年开始研制《汉语水平等级标准和等级大纲》,编制

《词汇等级大纲》《语法等级大纲》，研发"汉语水平考试"（HSK），是新中国对外汉语教学历史上具有开创性的工作，对课堂教学、教材编写和汉语水平测试等都有重要的基础性价值。（程裕祯主编 2005）20 世纪 80 年代，出版了《简明汉英词典》，出版了刘月华、潘文娱、故韡为解决教学实际问题而编写的实用语法著作《实用现代汉语语法》。（程裕祯主编 2005）进入 21 世纪，又陆续出版了面向外国学习者的汉语学习词典数部，如吕健骥、吕文华主编的《商务馆学汉语词典》，李忆民主编的《现代汉语常用词用法词典》，施光亨、王绍新主编的《汉语教与学词典》等。2006 年，商务印书馆出版"商务馆对外汉语教学专题研究书系"22 本，其中就有语言要素及其教学研究分册；2019 年该书系第二辑共 24 本出版，"该书系不仅全面总结了对外汉语教学在各个领域的代表性成果，也完整地体现了对外汉语教学学科体系的内容"（李泉 2019）。

20 世纪 80 到 90 年代，对外汉语事业在语音、词汇和语法教学方面又取得了新进展。语音教学方面，有音素教学法和语流教学法两种，前者强调打好语音基础，后者注重实际发音训练。词汇教学方面，提出重视词汇教学中的单音节词的作用，重视语素教学在词汇教学中的地位，掌握大量的单音词，把汉字教学与词汇教学结合起来，提高教学效果。另外也提出多维度认识词汇教学，不仅仅是词义，还有语法维度、语义维度、语用维度和文化维度等，词汇教学应该把重点放在掌握每一个词语的具体意义和用法上。语法教学方面，陆续出版了一批语法教学著作，如《外国人实用汉语语法》《实用汉语语法》《汉语语法难点释疑》《对外汉语教学语法探索》等。（程裕祯主编 2005）进入 21 世纪，词汇、语法教学与研究进一步深化，国家社会科学基金重大招标项目"对外汉语教学语法大纲研制和教学参考语法书系（多卷本）"立项在研，阶段性成果陆续发表。在语法项目的提取标准方面，语法项目细分为口语语法大纲和书面语语法大纲，在语法教学应简明化、格局化、具体化、碎片化等方面也多有探索。（齐沪扬等 2020）

二 国际中文教育须进一步重视语言要素的教与研

新中国对外汉语事业进入国际中文教育时代，如何讲透汉语知识、讲好中国故事成为摆在汉语言要素教与研面前的一个新的任务。如何继承传统，开拓未来，是机遇也是挑战，国际中文教育业界同仁须认真思考，锐意创新，把新时代语言要素教与研推向深入。我们认为新时代语言要素教与研的突出任务，一是要把学界丰富的汉语本体研究成果尽可能多地教学化，尽快应用到国际中文教育教学实践中去；二是汉语言要素知识要适应汉语第二语言教学的特点，最大程度地教学化、叙事化、精细化和资源化。下面以前人在语法、词汇方面的研究成果为材料，具体展示这两方面的做法。

2.1 语言要素知识表达要更加教学化和叙事化

所谓"教学化"是指语言要素的教与研一定要站在汉语第二语言教学的立场上,突出其针对性、适用性和叙事性。针对性就是要契合学习汉语的外国学习者,教学对象不同,侧重点也不同,教学方法也不同。针对成人学习者和儿童学习者的汉语言要素知识表达是有差别的,应分开讨论,本文讨论的是针对成人学习者的语言知识表达。适用性就是汉语言要素知识要适合人的学习而非机器的学习,因而需要特别关注汉语言要素知识的易懂、易学和会用(学习者学后会用)问题。叙事性是指汉语言要素知识的分析、描写与解说要增强"故事性",相关知识要更容易为汉语教师所理解,有利于教师教学时讲解,易于在教材中展示,让学习汉语的成人学习者听得懂、看得明、解得透、记得牢、学得快、用得好。在讲解语言点和重要词语的意义(词汇意义和语法意义)及用法时,尽可能去展开、铺陈地叙述;语言表述应尽可能使用信息丰富的句子,尽可能把某个语言点、某个词语的隐含义、语法特点及语用特点讲清楚。比如某个语言点的语法意义涉及相关事件的背景、过程,又如某个词语的意义和用法涉及所谓"主观性"(人的立场、视角、情感等),语言要素的教与研应尽可能地把这些知识揭示出来,讲解清楚。下面以马真(2019)为例具体说明。

2.1.1 从对副词"反而"的分析,看汉语言要素知识的叙事化表达

马真(2019,246－247)指出"＊玛莎干得比谁都卖力,这一次我想老师准会表扬他,谁知老师反而没有表扬他"这个句子中的"反而"用得不合适,应该换成表示转折的"却"。外国留学生使用"反而"出现偏误,都跟没有很好了解"反而"使用的语义背景有关。马真(2019)指出,"反而"和"却"都能用在表示转折关系的复句中,但"却"适用面宽,"反而"不如"却"自由,要受到很大限制,只能在一定的语义背景下使用。所谓"语义背景"就是指某个词能在什么样的情况或上下文中出现,不能在什么样的情况或上下文中出现。马真(2019,248)举了这样一个例子:"今天午后下了一场雷阵雨,原以为天气可以凉快一些,可是并没有凉下来,反而更闷热了。"在这个句子中,"反而"用得很贴切,充分显示了"反而"使用的语义背景。马真(2019)指出"反而"的语义背景包含了四层意思,可以描述如下:

A. 甲现象或情况出现或发生了;

B. 按说(常情)/原想[预料]甲现象或情况的出现或发生会引起乙现象或情况的出现或发生;

C. 事实上乙现象或情况并没有出现或发生;

D. 倒出现或发生了与乙现象或情况相悖的丙现象或情况。

据此,马真(2019)概括出了"反而"的语法意义,认为"反而"表示实际出现的情况或现象跟按常情或预料在某种前提下理应出现的情况或现象相反。

比较上面马老师概括的语义背景表述和语法意义表述，我们可以清楚地看到，这两种表述是很不一样的。

马老师对"反而"语义背景的表述从错句（偏误句）入手，仔细分析了"反而"使用所体现的语义、事理、逻辑过程，可以看作是"反而"语言知识的"过程描述或叙述"；最后概括的"反而"的语法意义，也就是词典、语法教科书乃至教材中通常呈现的那种表述，可以看作是"反而"语言知识的"概括性呈现"。

我们认为，马老师之所以不厌其烦地去讲"反而"的语义背景（过程描述或叙述），就是注意到高度概括的语言知识的"结果呈现"（通常是词典释义、语法书、教材语言点注释的那种表达形态），"略去"了很多内容，学生读起来脑子得转几个弯，理解起来比较困难（因而常常出现错误）；任课老师看后也未必能很快理解和消化，如果再有其他近义词如"却"加入，那就更容易混淆了。因此要搞好"反而"的教学，就需要对"反而"的语义背景进行分析，需要对"反而"语言使用中涉及的事件背景、过程乃至逻辑、事理，以及说话人的意图、立场等展开描述和叙述，这些描述和叙述实际上就是我们所说的语言点和重点词语语言知识的叙事化表达。

2.1.2 从副词"常常、往往"的分析，看汉语言要素知识的教学化、叙事化处理

马真（2019）在透彻地分析了副词"常常""往往"在语义背景、语法意义上的差异后，就一篇辨析"往往"和"常常"的长文作了点评，认为该文的中心意思是："常常"是频率副词，"往往"是概率副词；"常常"是客观副词，"往往"是主观副词。说"常常"是频率副词，"往往"是概率副词，可以这样认识，但只这样讲学生很难明白，老师恐怕也很难分辨清楚。至于说"常常"是客观副词，"往往"是主观副词，这也值得斟酌，而且会误导外国学生，让他们误以为只要加强主观性就可以用"往往"，从而导致使用上的偏误。马老师据此指出，用于汉语教学的研究成果一定要尽可能让老师、学生好懂、好用，文章的作者似乎没有很好地考虑如何使自己的研究成果转化为汉语教学的内容，为汉语教学服务。

马老师的上述点评说出了我们想要说的话，也使我们进一步明确认识到，用于汉语教学的研究成果一定要尽可能让老师、学生好懂、好用；面向汉语教学的本体研究者和从事汉语教学的汉语老师要很好地考虑如何使自己的研究成果转化为汉语教学的内容，以便能为汉语教学服务。从马老师的评论我们更清楚地看到，国际中文教育时代的语言要素教与研、汉语言要素知识表达一定要站在汉语第二语言教学的立场上，站在教师和学生的立场上，研究成果一定要教学化和叙事化，让教师和学生都易懂、易学、会用。

2.2 语言要素研究及知识表达要更加精细化

语言要素研究及知识表达的另一个重要问题就是对词语和语言点的语义和用法的揭示、描写和展示要更加精细化。精细化可以从词形、词义和词用三方面去理解：词形方

面,描写和展示要"下沉"到单双音节词上,特别是含有同一语素的意义相近的单双音节词上(如"帮""帮忙""帮助"等);词义方面,描写与展示要"下沉"到词语的隐含义和主观性上,关注母语者习焉不察的细微之处;词用方面,描写和展示要"下沉"到体现词语用法特点的搭配限制和语用特征上。这里以将要出版的《现代汉语大词典》(以下简称《大现汉》)为例,来说明词语的词义和用法如何进行精细化处理。选择以《大现汉》的词条处理为例的主要原因,一是词典词条处理的主要任务是尽可能准确展示词语的意义和用法,《现代汉语词典》(以下简称《现汉》)如此,《大现汉》更是如此,这跟国际中文教育的语言要素教与研的根本任务不谋而合;二是词典编纂的宗旨是为读者服务,词条处理应尽可能为读者提供详尽信息和针对性的服务等,这一点也与国际中文教育以学习者为中心的教育理念相契合。

江蓝生(2022)指出,《大现汉》的编纂理念和特色之一就是释义"提供准确的概念义之外,还尽量提供附加义和搭配义等相关信息,提供必要的语用信息和文化信息等,以使释义更详确,内涵更丰富";释义要精确化、丰富化,"提供词义的句法环境","释出词语的语义背景或隐含义","释出近义词的微小区别"。下面援引江蓝生(2022)文中的例子加以展示:

2.2.1 提供词义的句法环境

【而已】[助]①用在陈述句的末尾,常跟"只是、(只)不过、只有"等词前后呼应,加强限定语气,表示只是这样,没有别的:……|我跟他打了个招呼,只是出于礼貌～。②用在数量词语后面,有强调少或小等意味:个人只不过是大海中的一滴水～|刚工作时,每个月的工资只有4000来块～|……。

而《现汉》对"而已"的解释要简单得多,解释为"【而已】[助]罢了;如此～,岂有他哉|我只不过是说说～,你不必过于认真"。可见《大现汉》对"而已"的解释大大精细化、丰富化了。

2.2.2 释出词语的语义背景或隐含义

【按说】[副]依照事实或情理来说(应该如何,隐含实际跟常理相反或对实际情况没有把握):……|都这么大岁数了,～该歇歇了|……我只是批评他两句,～不会想不开吧。

江蓝生(2022)指出,《现汉》解释为"【按说】[副]依照事实或情理来说:这么大的孩子,～该懂事了|五一节都过了,～不该这么冷了",《现汉》的释义容易使非母语学习者误用,《大现汉》在括注中弥补了词义的隐含要素,更加准确到位。

2.2.3 释出近义词的微小区别

【干脆】②[副]表示果断决定(多在左右为难的情况下):那人不讲理,～别理他|再等

就赶不上这趟车了,~咱们先走,让他们坐下趟车|现在要想找个合适的保姆太难了,有的同事~辞职在家照顾孩子。

【**索性**】[副]表示顺着情势做决断(含有"既然……,那就……"的意思):这本书既然已经开始看了,~就把它看完|今天起晚了,又不太舒服,~不去上班了|时间不早了,~在我家吃了晚饭再回去|到郊区玩觉得不过瘾,~去外地旅游一趟。

"干脆""索性"做副词使用时"词义极其相近,很难区分,大多可以替换","故不少语文词典释义时都落入互训或变相互训的套子"。(江蓝生 2022)《大现汉》通过近义词比较释义,尽可能多地揭示出这两个副词的细微区别。

通过《大现汉》词语释义的精确化、丰富化处理的例子,我们可以看到,词语的语义、用法挖掘与描写可以说是无止境的,汉语第二语言教学因为教学对象是母语非汉语的外国学习者,词语、语言点的教与研更应朝着精细化的方向努力。只有不断挖掘和揭示汉语言要素中为汉语母语者习焉不察的细微之处,才有可能尽力展现这些词语和语言点的确切的语义和用法特征,也才有可能防止外国学习者误读、误用。新一代对外汉语教材语言点、重点难点词语的解释、注释、讲解和练习等特别需要像《大现汉》这样进行精细化的处理;未来理想的汉语学习词典、各类语言要素教学资源库等也需要精细化展示词语和语言点在语义、语用方面的细微之处。

邵敬敏(2019)也特别指出,汉语虚词"语法意义极为精细、丰富、有趣","义项细腻隐蔽,用法复杂多变,无论对本国人还是外国人,都是学习和运用的重点和难点";"虚词是彰显主观性的极为重要手段"。因而"特别需要重视虚词的主观性和主观化"研究,对国际汉语教学来说就是要加强虚词的应用性研究。

2.3 语言要素教与研成果要进一步资源化

马箭飞等(2021)完整、详尽地总结了新中国国际中文教育教学资源建设所取得的成绩并展望了未来,其中尤为突出的方面有:(1)教学资源建设形态丰富,有数字素材、数字教材、网络课程、数字应用几大类型,又可细分为不同的子类型,如网络课程主要包括慕课、微课、直播课等,数字应用包括网站、APP、小程序、插件、虚拟仿真系统、游戏、教学工具等;(2)教学资源科技赋能,高新科技快速进入国际中文教育领域,中文数字资源的技术含量越来越高,智能化产品越来越丰富;(3)教学资源应用广泛,"中文联盟"数字化云服务平台吸引了来自全球 194 个国家和地区的 210 万用户,经受住了新冠疫情的严峻考验,使用平台的教师和学生满意度比较高;(4)中国已经成为中文教学资源最大产出国,教学资源从"纸质教材"向"数字资源"转变;(5)未来资源建设展望有两个重要方面,一是面向智能时代,加快信息技术与国际中文教育融合发展,二是讲好中国故事,展示真实、立体、全面的中国形象。

国际中文教育时代，汉语言要素教学要跟上时代，教与研成果要进一步资源化、数据化、进行科技赋能。在国家中文教学资源建设总目标下，应着力在以下几个方面展开工作。(1)充分吸收汉语语言本体研究、汉语言教学研究及汉语习得研究成果，利用现代高科技，建设大规模汉语言要素（词汇、语法）知识库，细致描写和储存词语的语义、搭配、语用等信息，为汉语作为第二语言教学服务。李娟(2022)提出了构建近义词辨析知识库的设想，以搭配为载体，以词与词之间的关系为手段，希望为近义词提供丰富的用法和语境知识，这一研究设想值得关注。(2)汉语教材对字词的处理、对语言点的处理要进一步围绕汉语汉字的特点展开，正如李泉(2020)所指出的，"探索有汉语特色的教学理论"，"对外汉语教学必须走自己的路子……这种道路自信不是一种主观选择，而是汉语汉字的特点以及二者之间的关系不同于其他语言和文字之间的关系所决定的"。词汇讲解、语言点练习等也要注入当代新的研究成果，进行深化、细化和资源化处理，如教材中同义词、近义词辨析有无必要以及怎么辨，语法教学如何结合语境解决诸如"刚、刚刚""到底、究竟"的异同辨析等。(李泉 2020)(3)汉语教师用书编写方面，也亟须吸收当前新的研究成果，在面向一线教师的教学用书中把词语、语言点知识教学化、叙事化、精细化和资源化，切实解决一线教师的困惑，真正发挥教师用书的作用，避免编成"另一本"研究性、理论性的语言学参考书。(4)汉语学习词典编纂方面，亟须编纂资源性强、学习性强、教学化程度高的汉语教学词典（面向一线教师的词典）和汉语学习词典（面向外国学习者的词典），同时也要适应融媒体时代新特点，研发在线词典、手机 APP 等多种形式的汉语学习辅助软件，开发慕课、微课等网上汉语言要素教学资源。

资源化建设、数字化平台打造、大规模词语知识库建设等是国际中文教育具有时代教育色彩的重要方面，业界同仁要不断更新已有观念，关注学界提出的国际中文教材建设的标准观、资源观、融通观和智慧观（郭风岚 2021），注意克服现有资源建设中存在的问题（郑梦娟 2021），继承传统，开拓创新。

三　结语

以上我们主要讨论了国际中文教育时代讲透汉语知识、开展语言要素教与研需要进一步加强的方面有哪些。这些方面概括起来有：(1)国际中文教育亟须把已有的汉语本体研究、语言要素教学研究的成果教学化，更广泛地应用到国际中文教育的各个领域；(2)语言要素的教与研及相关成果（如汉语言要素知识）亟须站在汉语第二语言教学的立场去进一步叙事化、精细化和资源化,这是未来国际中文教育语言要素教与研方面的创新点和突破口。

回顾历史我们知道,新中国对外汉语教学十分重视语言要素教学,取得了巨大成就。展望未来,在国际中文教育时代,更应该继承传统,开拓创新,在语言要素教与研方面有新的探索与突破。在讲透汉语知识、讲好中国故事上下功夫,做好汉语言要素知识的教学化对接、精细化描写、叙事化表达和资源化建设,为世界国际中文教育贡献中国智慧,提供中国方案。

参考文献

程裕祯主编(2005)《新中国对外汉语教学发展史》,北京大学出版社。
郭风岚(2021)论国际中文教材资源建设理念,《国际汉语教学研究》第 3 期。
江蓝生(2022)《现代汉语大词典》的编纂理念与学术特色,《语言战略研究》第 1 期。
李　娟(2022)汉语近义词辨析知识库构建研究,《北京大学学报》(自然科学版)第 1 期。
李　泉(2019)中国对外汉语教学七十年,《语言战略研究》第 4 期。
李　泉(2020)新时代对外汉语教学研究:取向与问题,《语言教学与研究》第 1 期。
齐沪扬、韩天姿、马优优(2020)与对外汉语教学语法体系建构相关的一些问题的思考,《杭州师范大学学报》(社会科学版)第 1 期。
马箭飞(2022)国际中文教育开创新局面,《神州学人》第 1 期。
马箭飞、梁　宇、吴应辉、马佳楠(2021)国际中文教育教学资源建设 70 年:成就与展望,《天津师范大学学报》(社会科学版)第 6 期。
马　真(2019)《现代汉语虚词二十讲》,商务印书馆。
邵敬敏(2019)关于汉语虚词研究的几点新思考,《华文教学与研究》第 1 期。
郑梦娟(2021)推进国际中文教材资源建设,《中国社会科学报》2021 年 8 月 24 日。

作者简介

李红印,北京大学对外汉语教育学院教授,研究方向为汉语词汇词典(学习词典编纂)、国际中文教育(汉语作为第二语言词汇教学、教师教育培养)。Email:lhy2022@pku.edu.cn。

汉语写作教学结构和过程应用模型研究*

周梦圆[1]　郑艳群[2]

1　人民教育出版社　2　北京语言大学汉语国际教育研究院

提　要　本研究基于规范化写作教学数据库,对写作教学构件、结构和过程的实践进行了系统描写和计算,从而构建出写作教学结构和过程的应用模型,并对其作特征分析。主要结果体现在三个方面:一是建立了由顶层、中观层、微观层构件形成的构件系统,二是构建出了顶层三大环节之下中观层和微观层内部结构和过程的应用模型,三是构建出了顶层三大环节之间中观层和微观层结构和过程的应用模型。本研究的结果可以为写作教学实践提供参考,也可以通过与理论模型的对比促进教学反思,还可以为写作教学慕课或微课教学单元设计提供依据。

关键词　写作教学　结构　过程　应用模型　教学分析

一　数据挖掘与课堂教学研究

聚焦课堂、描写课堂、研究课堂是教学论研究的关键问题。在对外汉语教学领域,学者们从促进学科建设的高度阐述了课堂教学研究的重要性(崔永华 2017;李泉 2017)。而课堂教学现象是复杂多变的,从何处入手对其进行研究,将关系到整个课堂教学研究体系的构建和研究选题的精准定位。郑艳群、袁萍(2019)指出,结构和过程研究是教学研究的基本问题。这为课堂教学研究突破口的选择提供了思路,因为对结构和过程的研究从本质上说就是探究课堂教学系统的构成和运行规则,而其他相关研究课题均是生长于教学结构和过程研究之上的。据此,本研究将开展汉语写作课堂教学结构和过程的研究。

---

* 本文得到北京市社科基金重大项目"大数据视角下汉语课堂教学建模研究"(15ZDA33)、教育部人文社会科学重点研究基地重大项目"汉语国际传播资源与推送平台研究、开发与应用"(16JJD740004)的资助。

课堂教学实际上就是一个实时产生教学大数据的动态资源库,大数据和数据挖掘为促进课堂教学研究的科学化提供了新的方法论依据。其带来的启发在于:在数据驱动下发现或浮现规律,关注事物或现象之间的相关关系而非因果关系,寻找概率性而非肯定的结论。同时,我们认为大数据时代对数据的认识不应局限于数量规模大,还应强调数据挖掘之深,对典型个案或个体大数据中所蕴含的教学共性的深度挖掘,也应予以肯定。可以说,相关理念将重塑课堂教学研究的数据资源观,为发掘隐性教学规律赋能。

通过教学数据挖掘与分析,可以建立汉语课堂教学系统的模型。(郑艳群 2016)本研究将基于规范化写作教学的结构和过程数据,对相关特征进行表达、计算和提取,从而构建写作教学结构和过程的应用模型。具体实施方案如下:(1)对公开出版或权威网站上公布的规范化写作教学实录[①]进行转写,作为"规范化汉语写作教学实录——结构与过程详解数据库"的基础;(2)根据郑艳群、袁萍(2019)关于构件、结构和过程的认识[②]开展工作,包括基于概念从教学数据库中提取出构件,鉴别结构和过程信息,并进行编码和形式化表达[③];(3)对结构和过程的应用特征进行计算,得出结果[④],最终完成写作教学结构和过程应用模型的构建。本研究的结果可以为写作教学实践提供参考,也可以通过与理论模型的对比促进教学反思,还可以为写作教学慕课或微课教学单元设计提供依据。

二 顶层教学环节的建立、结构和过程模型构建及特征分析

样本数据分析显示,写作教学是一个有层次的系统,可以从宏观顶层出发逐层进行描写。对顶层环节、结构和过程的建模及分析,有助于夯实写作教学的系统架构,为自顶向下地构建出子系统模型奠定基础。

2.1 顶层教学环节的建立及结构和过程模型构建

从概念出发,经过辨识、名称汇总和归一化处理,从数据库中共提取出了"写作前(Ⅰ)""写作中(Ⅱ)""写作后(Ⅲ)"3个基本教学环节。根据各基本环节在教学中的实施及体现出的教学功能,上述基本环节可分别界定为:"写作前(Ⅰ)"指在布置具体写作任务之前实施的预备性的、与写作相关的写作指导;"写作中(Ⅱ)"指针对具体写作任务的写作准备,以及为完成写作任务而正式开始实施相关行为并形成文本作品的写作实践;"写作后(Ⅲ)"指形成文本作品后实施的评价反馈和总结释疑以及进一步的巩固提升和作品分享等。以基本环节的建立为基础,通过在数据库中鉴别和计算结构和过程的使用信息,可以完成顶层模型的构建(见图1)。

基本环节	使用率	结构类型	使用率	过程类型	使用率
写作前（Ⅰ）	75%	ⅠⅡ	50%	Ⅰ-Ⅱ	50%
写作中（Ⅱ）	100%	ⅡⅢ	25%	Ⅱ-Ⅲ	25%
写作后（Ⅲ）	50%	ⅠⅡⅢ	25%	Ⅰ-Ⅱ-Ⅲ	25%

图 1　写作教学顶层结构和过程应用模型示意图

2.2　顶层模型特征分析

由图 1 可以得到关于顶层模型的几点应用特征。

（1）"写作中（Ⅱ）"是写作教学系统中核心的、不可或缺的基本环节（使用率为 100%）；"写作前（Ⅰ）"和"写作后（Ⅲ）"的使用率超过半数（分别为 75% 和 50%），表明写作前的预设性指导和写作后的反拨性教学均得到重视；但"写作前（Ⅰ）"的使用率高于"写作后（Ⅲ）"，可以推知写前指导的实施相对更受重视。

（2）在单位教学时长内，随着结构类型中基本环节数量的增加，基本结构类型的使用率呈递减趋势，这表明围绕特定写作任务的系统性教学通常需要分课次实现。

（3）教学过程的实践方案基本体现为"写作前（Ⅰ）"→"写作中（Ⅱ）"→"写作后（Ⅲ）"的演进序列，表明各基本环节在教学过程中是先后相继、彼此制约和影响的关联因素，且教师对顶层过程的实现也有较为清晰和统一的认识。

三　中观层和微观层构件系统的建立

中观层和微观层构件系统的建立是构建其结构和过程模型的前提和基础。从概念出发，对数据库中顶层三大环节下的教学构件进行辨识、名称汇总和归一化处理，并计算其使用率，可以得出中观层和微观层的构件系统（见表 1）。

表 1　写作教学顶层下的中观层和微观层构件系统表

顶层-写作前（Ⅰ）		顶层-写作中（Ⅱ）		顶层-写作后（Ⅲ）			
中观层	使用率	中观层	使用率	中观层	使用率	微观层	使用率
检查复习（G）	33.33%	布置作文（A）	100%	反馈（F）	100%	教师书面批改（F_1）	66.67%
知识讲解（K）	100%	启发构思（C）	66.67%			教师口头点评学生个体习作（F_3[⑤]）	33.33%
范文分析（M）	66.67%	学生写作（W）	100%	知识讲解（K）	33.33%		
练习（P）	33.33%	反馈（F）	33.33%	范文分析（M）	66.67%		

续表

顶层-写作前（Ⅰ）		顶层-写作中（Ⅱ）		顶层-写作后（Ⅲ）			
中观层	使用率	中观层	使用率	中观层	使用率	微观层	使用率
		修改（R）	33.33%	典型习作评改（T）	33.33%		
				修改（R）	100%	师生共同分析并修改习作中出现的问题（FR_1）	66.67%
						学生互评互改（FR_2）	33.33%

3.1 "写作前（Ⅰ）"环节下的中观层构件及特征

由表1可知，从"写作前（Ⅰ）"环节共提取出了"检查复习（G）""知识讲解（K）""范文分析（M）""练习（P）"4个中观层构件。根据其在教学中的实施及体现出的教学功能，上述构件可界定为："检查复习（G）"指检查学生作业完成情况或知识掌握情况，复习与本次课有关的旧知识，以检验此前教与学的效果，督促学习并实现以旧带新的目标；"知识讲解（K）"指对相关的语言知识和写作知识进行解释说明，以吸引学生对相关知识的注意，促进知识理解和加工；"范文分析（M）"指阅读和品评标准范例，以帮助学生理解、印证和巩固相关知识，并为写作提供可资借鉴的样本；"练习（P）"指对教学重难点进行训练，以巩固知识，提升写作技能。

而根据上述构件的使用率可以得出如下结果：（1）"知识讲解（K）"是教学必有项（使用率为100%），表明实践中特别重视相关知识对技能习得的指引作用，且突显了教师讲解对知识学习的必要性；（2）"范文分析（M）"的高频应用（使用率为66.67%）体现了读写结合、以读促写及以写促读的教学理念。

3.2 "写作中（Ⅱ）"环节下的中观层构件及特征

由表1可知，从"写作中（Ⅱ）"环节共提取出了"布置作文（A）""启发构思（C）""学生写作（W）""反馈（F）""修改（R）"5个中观层构件。根据其在教学中的实施及体现出的教学功能，上述构件可界定为："布置作文（A）"指布置写作任务并对任务进行详细说明，以给出写作内容范围或命题，在文体、语言、字数、时间等方面提出具体要求，并给予相应的写作任务提示；"启发构思（C）"指对正式写作任务进行讨论、分析和引导，以在内容、语言、语篇结构、素材等方面为正式写作做准备；"学生写作（W）"指学生个体将关于特定写作任务的认知思维成果用汉语表达出来，以形成文本作品；"反馈（F）"指读者向作者给出关于作品的评价、意见和建议，以评估写作质量并加强"读者—作品—作者"三维间的互动；"修改（R）"指对作品及相关内容进行修正或改动，以提升作品品质并借此创造更多训练机会。

而根据上述构件的使用率可以得出如下结果:(1)"布置作文(A)"是不可跨越的教学程序(使用率为100%),这虽是写作教学常规认知的体现,但是如何有效地布置作文,使其成为一个蕴含了精心教学设计的、能对学生写作产生积极影响的教学步骤,这仍需在进一步实证中寻找参考方案;(2)"学生写作(W)"是写作训练的基本要求和必然途径(使用率为100%),表明教学实践中践行了以写促写、以写促学的教学理念;(3)"启发构思(C)"也得到了较突出的应用(使用率为66.67%),表明教师希望通过积极的教学干预,通过"写什么"和"怎么写"方面的引导,来驱动和支持学生写作认知思维的发展。

3.3 "写作后(Ⅲ)"环节下的中观层和微观层构件及特征

3.3.1 "写作后(Ⅲ)"环节下的中观层构件及特征

由表1可知,从"写作后(Ⅲ)"环节共提取出了"反馈(F)""知识讲解(K)""范文分析(M)""典型习作评改(T)""修改(R)"5个中观层构件⑥。根据中观层构件的教学数据,本环节的"知识讲解(K)"和"范文分析(M)"同时可兼任"写作前(Ⅰ)"环节的构件,而"反馈(F)"和"修改(R)"同时可兼任"写作中(Ⅱ)"环节的构件,可见中观层特定构件的运用具有跨环节适用和复现的特征。"典型习作评改(T)"为本环节的特有构件,根据其教学中的实施及体现出的教学功能,可将其界定为:集体品评典型的学生习作,以学习同伴习作中的优点,分析发现存在的问题并提出解决方案。⑦

此外,根据上述构件的使用率可以得出如下结果:(1)"反馈(F)"和"修改(R)"是在学生完成习作后促进其知识和技能发展的根本力量(使用率为100%);(2)"范文分析(M)"的应用较突出(使用率为66.67%),由于范文具有语言表达规范且准确的特点,因此可以看出在"写作后(Ⅲ)"的教学实践中,与利用典型学生习作进行示范相比,更倾向于使用教材中的标准范文强化输入,以更好地指导和调节学生的写作认知及行为,为进一步修改提供支持。

3.3.2 "写作后(Ⅲ)"环节下的微观层构件及特征

由表1可知,"写作后(Ⅲ)"环节在中观层构件"反馈(F)"和"修改(R)"之下共提取出了"教师书面批改(F_1)""教师口头点评学生个体习作(F_3)""师生共同分析并修改习作中出现的问题(FR_1)"⑧"学生互评互改(FR_2)"4个微观层构件。

而根据上述微观层构件的使用率可以得出如下结果:(1)"教师书面批改(F_1)"的应用相对突出(使用率为66.67%),体现了写作反馈中对教师资源的积极利用,而从反馈的模态来看,教师对学生个体的书面视觉反馈被作为主要模态之一,显示出其重要效用;(2)"师生共同分析并修改习作中出现的问题(FR_1)"是反馈和修改二者融合运用所形成的重要事件(使用率为66.67%),其交互范围不限于师生之间,也包括教师引导下的生生互动和合作,这有利于提高学生的参与度和认知活跃度。F_1和FR_1的突出应用,均体现了教学实践中对语言准确性的追求,以及对教师在书面语培养中主导地位的共识。同时,也使得对学生个体的个性化反馈和集体合作式反馈得到兼顾。

四 中观层和微观层结构和过程模型构建及特征分析

写作教学系统的顶层架构决定了中观层和微观层模型的构建将由两方面的工作构成:首先,构建顶层各大环节内部中观层和微观层的结构和过程模型;其次,构建顶层各大环节之间中观层和微观层的结构和过程模型。

4.1 顶层各大环节内部中观层的结构和过程

以中观层构件系统为基础,通过在数据库中鉴别和计算顶层各大环节内部中观层结构和过程的使用信息,可以完成顶层各大环节内部中观层结构和过程模型的构建(见图2)。

顶层基本环节	中观层构件	中观层结构类型	使用率	中观层过程类型	使用率
写作前（Ⅰ）	检查复习（G） 知识讲解（K） 范文分析（M） 练习（P）	K	33.33%	K	33.33%
		KM	33.33%	K—M	33.33%
		GKMP	33.33%	G—K—KP—KMP	33.33%
写作中（Ⅱ）	布置作文（A） 启发构思（C） 学生写作（W） 反馈（F） 修改（R）	AW	33.33%	A—W	33.33%
		ACW	33.33%	A—C—A—C—A—W	33.33%
		ACWFR	33.33%	A—C—A—WFR	33.33%
写作后（Ⅲ）	反馈（F） 知识讲解（K） 范文分析（M） 典型习作评改（T） 修改（R）	FMR	33.33%	FR—M	33.33%
		FTR	33.33%	T—FR—F—R	33.33%
		FKMR	33.33%	F—FR—F—K—M	33.33%

图2 写作教学顶层三大环节内部中观层结构和过程应用模型示意图

以下,将从结构类型和过程类型的特点、过程解析所得到的特点两大方面对顶层三大环节内部中观层结构和过程模型做特征分析,以更细致深入地描写各环节内部中观层结构和过程的应用机制,揭示教学子系统的运行规律。其中,过程解析所得到的特点还将从教学事件①的取值范围、特定构件出现的位置、构件之间的关联关系等做更具体的分析。

4.1.1 "写作前(Ⅰ)"环节下的中观层结构和过程

结构类型和过程类型的实证数据显示:(1)本环节共出现了 K、KM 和 GKMP 3 种结构类型,以及[K]、[K-M]和[G-K-KP-KMP]3 种过程类型;(2)各结构类型和过程类型的使用率相当(均为 33.33%),表明结构和过程的应用是随教学情境和教学条件而变化的,不存在固定模式。

教学事件取值范围的实证数据显示:本环节至少使用 1 个教学事件,取[K]过程;最多经历 4 个教学事件,取[G-K-KP-KMP]过程。其中,"知识讲解(K)"和"练习(P)"均可重复出现,表明实践中会通过多次使用构件 K 和 P 来强化知识的学习和练习,从而促进知识向技能的转化。

构件出现位置的实证数据显示:(1)独立的"知识讲解(K)"作为起点的使用率高([K]的使用率加[K-M]的使用率为 66.66%),表明教学实践将知识学习视为首要任务;(2)若"检查复习(G)"出现,则其出现在起点位置,该构件在起点处的应用体现了温故知新的教学思想。

构件关联关系的实证数据显示:(1)"知识讲解(K)"和"范文分析(M)"的共现率最高([K-M]的使用率加[G-K-KP-KMP]的使用率为 66.66%),且若 M 出现,则 K 及包含 K 的教学事件必定是已经在 M 之前出现了,即先进行知识性的教学,再进行范文教学;(2)"练习(P)"通常不会作为一个独立的教学事件出现,而是与 K 或 KM 融合出现,这表明练习中仍离不开知识讲解,教师在练习中适时融入对重难点知识的点拨,不仅对知识学习和内化具有画龙点睛的作用,而且也有助于提高练习的效率和效果,同时知识的讲练还可以与范文分析融合实施,即在范文分析中适时穿插着进行知识讲练。

4.1.2 "写作中(Ⅱ)"环节下的中观层结构和过程

结构类型和过程类型的实证数据显示:(1)本环节共出现了 AW、ACW 和 ACWFR 3 种结构类型,以及[A-W]、[A-C-A-C-A-W]和[A-C-A-WFR]3 种过程类型;(2)各结构类型和过程类型的使用相对均衡(均为 33.33%),不存在唯一定势。

教学事件取值范围的实证数据显示:(1)本环节至少使用 2 个教学事件,取[A-W]过程,最多经历 6 个教学事件,取[A-C-A-C-A-W]过程,其中"布置作文(A)"和"启发构思(C)"可多次使用,体现了分解教学任务、循序渐进的教学思想;(2)对构件 A 和 C 可以复现这一特征的进一步分析表明,可以从布置主题范围、布置写作要求、给予一定的写作提示等方面对"布置作文(A)"实施分解式教学,还可以通过组织师生集体讨论、同伴或小组讨论、学生个体展示等序列化的教学活动对"启发构思(C)"实施分解式教学。上述分解式教学操作不仅有利于吸引学生对当前教学内容的选择性注意,而且为教师观察学生反应并及时根据学生反应作出教学调整预留了缓冲空间。

构件出现位置的实证数据显示:本环节大致遵循 A→C→W/WFR 的过程路径,即通过布置作文和启发构思推进学生的写作实践。值得一提的是,教学分析发现,学生写作包括 W 和 WFR 两种方式。其中,W 方式多由学生个体在课下自行实现且其使用率突出([A—W]的使用率加[A—C—A—C—A—W]的使用率为 66.66%),表明不受过程干预和控制的学生个体写作实践仍是最常用的写作训练方式,从中可以看出对学生独立写作空间的保护。而 WFR 方式多通过小组合作在课堂中实现,其不仅体现了在写作过程中通过组织反馈和修改来提升写作绩效的教学策略,还体现了通过人际互动搭建脚手架和创建学习社区,促进写作能力和口语能力、合作学习能力等协同发展的教学思想的运用,但 WFR 方式的运用或因时间成本高、个体在合作中的分工及其对小组写作产出的贡献率不明等问题而需要进一步探索和发展。

构件关联关系的实证数据显示:(1)"布置作文(A)"和"启发构思(C)"的共现关系突出([A—C—A—C—A—W]的使用率加[A—C—A—WFR]的使用率为 66.66%),且二者前后相连,表明教学实践对于既呈现写作任务,又给予构思指导具有较强的倾向性;(2)"反馈(F)"和"修改(R)"是共现的,且若其出现,则必定在写作过程之中以 FR 形式融合共现,体现了对让同伴和教师参与并调控写作过程这一策略的运用。

4.1.3 "写作后(Ⅲ)"环节下的中观层结构和过程

结构类型和过程类型的实证数据显示:(1)本环节共出现了 FMR、FTR 和 FKMR 3 种结构类型,以及[FR—M]、[T—FR—F—R]和[F—FR—F—K—M]3 种过程类型;(2)各结构类型和过程类型均有其适用情形(使用率均为 33.33%),体现了教学应用中的条件性和灵活性。

教学事件取值范围的实证数据显示:本环节至少使用 2 个教学事件,取[FR—M]过程;最多经历 5 个教学事件,取[F—FR—F—K—M]过程。其中,"反馈(F)"可以多次出现。而进一步分析发现,书面反馈和口头反馈均得到了应用,体现了反馈手段的多模态特征,其目的是在不同的教学进程和情境中选择不同模态的反馈方式。

构件出现位置的实证数据显示:(1)在 FR 之后紧随 F 的使用率较高([T—FR—F—R]的使用率加[F—FR—F—K—M]的使用率为 66.66%),其具体方法是先进行交互性强的融合式反馈和修改,如师生集体讨论式反馈和修改、生生交互式反馈和修改,然后再进行总结性的评价式反馈,如教师对学生习作进行总的或全面的评改,由 FR 到 F,体现了归纳式、体验式评改路径的运用;(2)"范文分析(M)"出现的位置相对靠后,表明实践中倾向于在引导学生辨别、分析和修改习作中出现的问题的基础上,再给出正面和完整的语篇示范,这实际上也是归纳式、体验式写作教学风格的一种体现。

构件关联关系的实证数据显示:(1)"反馈(F)"和"修改(R)"的共现关系突出(使用率为100%),且二者在教学过程中既可以同步融合式共现,又可以异步分立式共现,同步融合式共现的情形更占优势,表明教学实践更加重视反馈性交互的时效,实际上对融合式FR教学数据的微观分析还可以发现,融合式FR可进一步细分出两种形态,其一是"F—R"微循环形态,即先给予反馈再讨论修改,二者之间不断地依序循环,其二是"F/R"合一形态,即通过直接提出修改方案进行纠正性反馈,反馈亦是修改且修改亦是反馈,二者合一;(2)FR和M有较强的共现关系([FR—M]的使用率加[F—FR—F—K—M]的使用率为66.66%),且M出现在FR之后(但不一定相邻),二者的关联形态特点表现为,由对学生写作中典型问题的反馈和修改,到让学生感知和加工完整的示范性语篇,在比照和反思中实现当下教学单元内写作技能的整体提升,这体现了点面结合、由点到面的教学思想在"写作后(Ⅲ)"实践中的应用。

4.2 顶层各大环节之间中观层的结构和过程[⑩]

写作教学系统的有效运转,不仅有赖于各子系统内部的有序运作,还取决于各子系统之间关联机制的构建。而通过在数据库中鉴别和计算顶层各大环节之间中观层结构和过程的关联信息,可构建出顶层各大环节之间中观层的结构和过程模型(见图3)。

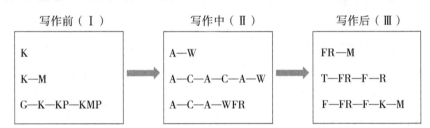

图3 写作教学顶层三大环节之间中观层过程应用模型示意图

从"写作前(Ⅰ)"到"写作中(Ⅱ)",再从"写作中(Ⅱ)"到"写作后(Ⅲ)",依次对教学进程中各环节之间接口位置教学事件的关联特征进行分析,可以透视中观层不同教学环节之间教学过程的联动规律。

4.2.1 关联特征分析:从"写作前(Ⅰ)"到"写作中(Ⅱ)"环节

接口位置教学事件的实证数据显示:(1)"范文分析(M)"及以之为重心的教学事件多用作"写作前(Ⅰ)"环节的后端接口事件,表明范文教学对启动"写作中(Ⅱ)"环节具有较强的影响力,这体现了对读写关系的重视和对以读促写教学理念的积极实践;(2)"布置作文(A)"始终为"写作中(Ⅱ)"环节的前端接口事件,表明"写作前(Ⅰ)"环节预设性的写作指导最终将聚焦到具体而明确的写作任务,这是写作训练的根本路径;(3)"范文分析(M)"及以之为重心的教学事件与"布置作文(A)"的共现关系突出,表明范文教学和布置作文具有较强的双向互动关系,其所带来的启示在于,范文的选择和分析应以促进写作为目标,而布置作文也应充分利用范文的可供性,在命题、语言运用和布局谋篇各方面充分发挥范文教学的促写功能。

4.2.2 关联特征分析:从"写作中(Ⅱ)"到"写作后(Ⅲ)"环节

接口位置教学事件的实证数据显示:(1)"学生写作(W)"及以之为重心的教学事件必为"写作中(Ⅱ)"环节的后端接口事件,表明学生的写作实践、写作面貌及其在写作中的心理体验等均应作为进行"写作后(Ⅲ)"教学的基准,即进入"写作后(Ⅲ)"环节的前提是教师对学生写作情况有全面深入的了解;(2)包含"反馈(F)"的教学事件多用作"写作后(Ⅲ)"环节的前端接口事件,体现出通过及时的反馈对"写作中(Ⅱ)"环节之教学绩效进行检验、评估和报告的教学实践特征,这实际上也为后续的绩效提升打下了基础;(3)"学生写作(W)"及以之为重心的教学事件,与包含了"反馈(F)"的教学事件之间的共现关系突出,表明写作与反馈具有密切的双向互动关系,表现为写作为反馈的实施树立了靶心,反馈为写作的提升增加了动力。因此,教师既应全面深入地了解学生写作情况,又应给予或组织有效的写作反馈。

4.3 顶层各大环节微观层的结构和过程①

教学数据显示,随着"写作后(Ⅲ)"环节教学实践的深入,"反馈(F)"及其与"修改(R)"之融合形式 FR 的具体实施方式已经或正在从"写作后(Ⅲ)"环节中观层构件的维度参数固化为中观层之下微观层的构件。因此,"写作后(Ⅲ)"环节的结构和过程模型已从中观层细化和深入延展到了微观层(见图4)。但因"写作前(Ⅰ)"和"写作中(Ⅱ)"环节的中观层构件,以及"写作后(Ⅲ)"环节中观层的其他构件尚未衍化成形,因此基于目前的样本,在构建和分析微观层结构和过程模型时,存在跨层关联的情形。

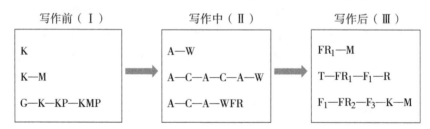

图4 写作教学顶层三大环节之间微观层过程应用模型示意图

结合图4可以得出从"写作中(Ⅱ)"到"写作后(Ⅲ)"环节教学过程的如下关联特征:(1)"师生共同分析并修改习作中出现的问题(FR_1)""典型习作评改(T)""教师书面批改(F_1)"均可作为"写作后(Ⅲ)"环节的前端接口事件,可与"写作中(Ⅱ)"环节形成对接,这表明实践中注重通过不同的反馈和修改方式来检验和提升学生习作,以及学生对写作所需知识和技能的掌握情况;(2)对样本数据的进一步挖掘表明,不同的写作方式与不同的反馈和修改方式之间存在一定的选择和制约关系,表现为 W 与 T 或 F_1 存在对接可能、

WFR 与 FR₁ 存在对接可能,其背后的理据还有待进一步研究,且写作方式与反馈和修改方式之间的对应关系也值得进一步研究。

五　进一步的对比研究

理论与实践的关系一直是教学研究探讨的重要问题。郑艳群(2020)指出,结构和过程研究有不同的研究范式,既可以基于对已有思辨性或经验性教学认知的系统分析推导出理论模型,也可以基于教学实践对实际教学系统分析后建立应用模型,还可以进行模型之间的对比研究。郑艳群、周梦圆(2020)基于文献数据库系统梳理了关于写作教学结构和过程的理论认知,完成了写作教学结构和过程理论模型(Theoretical Model,以下简称 T 模型)的推导。将本研究构建出的应用模型(Empirical Model,以下简称 E 模型)与理论模型作进一步对比,不仅有助于归纳其共性,验证已有理论认知,也有助于揭示规范化教学实践与已有理论认知的差异特征,进而提出新的理论假设,以补充或修正已有理论认知。

将 E 模型与 T 模型的顶层进行比较,我们发现 E 模型更重视写前指导,而 T 模型更强调写后评改。由此,我们认为"写作前(Ⅰ)"和"写作后(Ⅲ)"对教学绩效的贡献率及其如何促进教学绩效的提高还有待进一步研究。

将 E 模型与 T 模型的中观层进行比较,我们发现了 E 模型顶层三大环节下中观层子系统的如下特征。

在"写作前(Ⅰ)"环节:第一,E 模型中出现了构件"检查复习(G)"及包含该构件的结构类型和过程类型,体现了对"以旧带新"教学策略的运用,可视为对 T 模型的有益补充;第二,E 模型中的相关构件融合使用时,存在教学重心,如"练习(P)"和"范文分析(M)"分别为 KP 结构、KMP 结构的重心,而 T 模型中关于构件融合运用的假设并未提及教学重心的设计,由此我们认为教学重心的设计或许是教学效果优化的重要参数。

在"写作中(Ⅱ)"环节:第一,E 模型中"布置作文(A)"和"启发构思(C)"在教学过程中呈现出交替复现的特征,这反映出通过分解式教学细化并深化写作任务的布置和构思指导这一特有教学思路的运用,为 T 模型中关于一次性实施布置作文和构思指导的教学思辨带来了重要的启示;第二,E 模型中如 WFR 情形的小组协作式写作方式的应用,凸显了"交互中写"并在"写中交互"的特征,体现出"写—评—改"一体化的教学理念,丰富了 T 模型中关于写作方式的认识。

在"写作后(Ⅲ)"环节:E 模型中出现了构件"范文分析(M)"及包含该构件的结构类型和过程类型,突破了 T 模型中有关范文教学仅在"写作前(Ⅰ)"环节实施的认识,体现了规范化教学在深化读写关系方面的特点，即在学生完成写作任务之后仍回归至标准范文，借此进行学习引导和问题校正，这些努力拓宽了范文教学的作用范围。

将 E 模型与 T 模型的微观层进行比较，我们发现：第一，E 模型中在"写作后（Ⅲ）"环节出现了构件"教师口头点评学生个体习作（F_3）"及包含该构件的结构类型和过程类型，这从听觉模态的角度丰富了 T 模型中教师仅通过视觉模态对个体习作进行点评的方式，有助于通过师生面对面的交流强化反馈，引起学生对其习作优缺点的注意并拉近师生距离；第二，E 模型中"师生共同分析并修改习作中出现的问题（FR_1）""典型习作评改（T）""教师书面批改（F_1）"均可作为"写作后（Ⅲ）"环节的起点，打破了 T 模型中以"教师书面批改（F_1）"为起点的强势局面，体现了对"写作后（Ⅲ）"环节启动性教学事件的多样化应用。

理论模型与应用模型的系统集成与动态更新，可以为多层次、多维度的课堂教学"画像"（郑艳群 2000）。而在系统建模的基础上，可以对系统进行仿真，通过仿真实现对对象的分析、研究、实验、验证及人员培训（郑艳群 2015），这对于教学实证研究范式和手段的创新，以及教师教育、教学质量的自动化评测等具有重要的方法论意义。

注　释

① 本研究的教学录像主要来自青年教师教学基本功大赛获奖作品和世界汉语教学学会网站上的示范课，均为中、高级阶段独立开设的写作课，共 9 份样本。这类教学录像通常是由一线教师或教师团队进行精心教学设计后付诸实践，且经过了领域内教学专家或教学研究专家的评选、认证，具有可模仿性和可推广性的特点，值得进行深入学习和研究。

② 本研究沿用郑艳群、袁萍（2019）关于构件、结构和过程的认识，认为构件是教学中相对独立且相对较小的教学事件，特定的构件或构件的特定组合形成结构，结构在时间上的顺序呈现形成过程。

③ 本研究用罗马字母对顶层基本环节进行赋码，用英文字母对基本环节下中观层的构件进行赋码，构件代码取自相关名称（或术语）英文表达中有区别性特征或能起到区分作用的字母，用中观层英文字母加数字下标的形式表示微观层的相应构件，用字母连写表示对应的结构类型（如"KM 结构"，表示由中观层构件 K 和 M 形成的结构），用方括号中含字母及短横线表示对应的过程类型（如"[K－M]过程"，表示"KM 结构"形成的过程）。此外，本文关于过程的表达中，构件代码连写表示对应的构件在过程中相互交融而形成融合式教学事件（如"FR"事件，表示反馈和修改融合进行，很难分割）。

④ 相关结果通过使用率来体现。本文有关使用率的计算为使用样本数除以样本总数。

⑤ 为了与郑艳群、周梦圆（2020）写作教学理论模型中的"教师课堂总评（F_2）"相区别，应用模型中将教师口头点评学生个体习作记作 F_3。

⑥ 鉴于"反馈（F）""知识讲解（K）""范文分析（M）""修改（R）"4 个构件在不同基本环节的根本性质一样，故对其界定也是一致的。受篇幅所限，此处不再赘述其界定。

⑦ "典型习作评改(T)""修改(R)"均涉及"改",但"典型习作评改(T)"的实施主体、所修改的文本对象往往是教师在课前的书面批改过程中精心挑选的具有典型意义的文本,"修改(R)"由学生个体实施,其文本对象是个体习作。由于 T 和 R 在上述方面的差异,其所体现的教学目标也自然有所不同,因而本研究将其处理为不同的构件。

⑧ 与中观层"典型习作评改(T)"关注习作的典型意义,从优点和缺点、偏误等方面对习作进行全面鉴赏、修改不同,微观层"师生共同分析并修改习作中出现的问题(FR_1)"则聚焦班级习作中出现的错误和偏误,进行类型化的处理。

⑨ 本文所说的教学事件是指在教学过程中可切分的有区别性特征的类型化教学活动单位。从形式上看,教学事件既可以由单一构件实现,也可以由融合在一起进行教学的构件的组合实现。

⑩ 受篇幅所限,此处主要呈现顶层各大环节之间中观层过程模型的构建及特征分析,略去顶层各大环节之间中观层结构模型的构建及特征分析。

⑪ 受篇幅所限,此处主要呈现顶层各大环节之间微观层过程模型的构建及特征分析(但基于目前的样本来看,存在中观层与微观层共现的情形),略去顶层各大环节之内微观层过程模型,以及顶层各大环节之内、之间微观层结构模型的构建及特征分析。

参考文献

崔永华(2017)工欲善其事,必先利其器,《国际汉语教学研究》第 1 期。

李　泉(2017)《对外汉语教学思考集》,北京语言大学出版社。

郑艳群(2000)浅谈"虚拟词语空间"——多媒体汉语词典的发展设想,《第六届国际汉语教学讨论会论文选》(《第六届国际汉语教学讨论会论文选》编辑委员会编),696—700 页,北京大学出版社。

郑艳群(2015)《虚拟词语空间理论与汉语知识表达研究》,商务印书馆。

郑艳群(2016)汉语教学数据挖掘:意义和方法,《语言文字应用》第 4 期。

郑艳群(2020)教学分析与教学计算:大数据时代汉语教学研究方法探新,《国际汉语教学研究》第 2 期。

郑艳群、袁　萍(2019)"应然"与"实然":初级汉语语法教学结构和过程研究,《语言教学与研究》第 1 期。

郑艳群、周梦圆(2020)汉语写作教学结构和过程理论模型研究,《华文教学与研究》第 3 期。

作者简介

周梦圆,人民教育出版社汉语编辑室编辑,语言学及应用语言学博士,研究方向为国际汉语教育、第二语言教育技术。Email:zmy6637000@qq.com。

郑艳群,北京语言大学汉语国际教育研究院教授,博士生导师,研究方向为国际汉语教育、第二语言教育技术。Email:zyq@blcu.edu.cn。

互动教学与自主学习

——CANVAS+翻转课堂教学模式的尝试

刘晓南

北京大学对外汉语教育学院

提　要　本文介绍了在高级汉语课中利用CANVAS系统实施全在线条件下的翻转课堂的实践情况,阐明了教学设计理念,通过教学观察与对学生的访谈,探讨了该教学模式的可行性与学生的接受度,并总结经验教训,为进一步改进教学提供参考。

关键词　CANVAS　翻转课堂　互动　自主学习　在线教学

2020年,随着全球新冠肺炎疫情的发展,为应对无法来华学习汉语的留学生教学,在线教学开始全面取代传统教学,以计算机为中介的交际形式开设课程已为常态,2020年也成为国际中文教学的转型之年(李泉 2020)。

语言交流的本质是一种互动活动(Clark 1996;方梅等 2018),既往研究表明,以学生为中心的合作或协作活动有助于促进学习者的反思能力、认知发展、同伴交流互动与自主能力(Little 1995;Macaro 1997;Scharle & Szabó 2000;Little 2007;Hafner & Miller 2011;Wass et al. 2011)。但与面对面的传统教学相比,在线教学的短板是互动性不足:网络延时会给学生的学习动机和主动性带来负面影响;学生线上学习参与感和满意度更低,与同伴的亲密度也较低(Mallen et al. 2003);等等。因而,学习者在不同的学习环境中的参与和互动是远程学习中两个至关重要的问题,其核心是如何保持学习者之间的充分接触和持续互动(White 2011)。

为克服在线教学的短板,提高教学效率,我们在2020年秋季学期以一个班的高级汉语课为对象,尝试采取CANVAS+翻转课堂模式进行在线教学。一个学期之后,通过教师的教学观察和对学生的访谈分析,总结经验并提出改进措施,为之后的在线教学提供参考。

一 教学设计

1.1 采用翻转课堂提高互动效率

语言教学必须营造有利于交流的互动。Moore & Kearsley(1996)提出在线学习要注重三大互动:学习者与学习内容之互动、学习者与教学者之互动以及学习者彼此间之互动。实际上,无论是线上还是线下,课堂教学中对后两者的互动实现度较高,毕竟教学双方都是具有能动性的人,以学生为中心、少讲多练等二语教学方式不难实现教学者与学习者的互动,而由于学习内容相对是"死"的,学习者与学习内容的互动则易被忽视。语言交流需要共同空间(common ground)的关键背景信息,包括交流双方的共同知识、体验等。当无法有效利用共同空间信息时,对指代对象的理解性错误便在所难免,而线上学习因剥离语境、缺乏语言之外的其他平行信息更容易导致误解(Lamy & Hampel 2007)。因此,学生如能在课前对将要进行的交流内容有足够的了解,则有利于课堂中的互动。

翻转课堂教学模式可以较好地实现共同空间与课前互动。翻转课堂的特点是把以往需要教师重复讲授的知识内容以视频形式发给学生,学生可以在课前不拘地点地无限次观看,而把练习、作业等任务放到课堂上做,教师根据学生在练习中的问题和困难进行个性化地、针对性地解决(乔纳森·伯格曼 2018)。翻转课堂包含异步学习(asynchronous learning)和同步学习(synchronous learning)两个阶段。在异步学习阶段,学生须对要运用的语言知识有所准备,对即将交流的内容有所了解,预先营造课堂语言交流的共同空间。一旦搭建好了课堂语言交流的共同空间,也就拥有了完成课堂互动任务的"脚手架",因而在同步学习阶段,学生在回答问题、参与讨论、完成随堂练习等互动任务时反应速度加快,课堂教学效率明显提高。异步—同步的学习模式亦提高了学生在课堂中的求知诉求针对性,不再被教师牵着走,而是可以根据自己预习中遇到的问题有的放矢,主动寻求课堂中的答疑和帮助。在练习中遇到的问题,也更有时间和机会当堂解决,从而提高学习效果。

1.2 采用 CANVAS 平台培养学生自主学习能力

由于缺乏稳定的学习环境(如校园、教室、身边的同学等),远程语言学习非常强调学习自主性(White 2011)。翻转课堂模式要求学生有更强的学习动机和自我管理能力,要求学生自己去承担更多的学习责任,有更强大的时间管理能力。Roehling(2018)指出,学生必须具备如独立学习、时间管理、自我管理等元认知策略才能够适应这样的模式。二语成人学习者往往都有较强的学习目的和动机,也有较好的自我管理能力,易于接受和适应这种教学模式。

远程环境中发展学习者自主性的一种方法就是基于资源的学习者培训法:通过自学材料的设计来培训语言学习者发展他们的学习策略,培养他们组织和反思学习的能力、监控学习进程的能力以及解决问题的能力等;以课程活动、任务及形成性评价等形式为学习者提供自我评价的机会;通过语言意识训练等形式让学生建立新旧知识之间的联系;等等。(White 2011)由于是全在线教学,教师如果仅凭课堂表现来判断学生的课前预习、课后学习等情况是不够的,也远不能起到在学习落后前对学生的督促和管理作用。这就需要一个将学习材料的使用和学习行为的监督统合在一起的平台,令教师可以知晓学生学习的情况,学生亦可以通过学习数据(测验得分、练习反馈、作业完成率、课堂参与度等)反思自己的学习。CANVAS平台能较好地满足自主学习的需要,所有学习内容统合在一起,学生在平台上的课前学习情况均被系统监测记录,如生词测验(时长、成绩、尝试次数、错题等)、教学录像(观看次数、时长)、教学PPT(学习时长)、作业(提交时间、完成情况)、在线考试等数据,教师都可以掌握。平台的学习记录也有助于学生形成元认知策略,对自己学习的情况有更清晰的了解。随着学习情况被量化,学生能直观地感受到努力与成绩之间的关系,从而养成自主学习习惯。

1.3 采用CANVAS+翻转课堂模式保证全线上教学管理

1.3.1 课程情况

"飞翔2"为高级阶段汉语课,使用的教材是《博雅汉语·高级飞翔篇Ⅱ》(第二版),学生修完课程后大概可达到新汉语水平考试(HSK)六级水平。课文以文学性的记叙文和议论文为主,具有较强的书面色彩,风格多样。课文长度一般在2000字左右,每课生词数量100个左右。在正常情况下,该课程每周3次,每次2课时,每课时50分钟。按照课程计划,一学期一般会学习6课内容,约2周(6次12课时)完成1课。根据生词数量和课文长度,每课大概会分为4或5次讲授、1次练习答疑。学生成绩由期中和期末两次考试的平均分得出。每次考试成绩由试卷成绩(70%)、作文成绩(15%)、平时作业成绩(15%)构成。疫情后,几乎所有考试内容均改为在线进行。

1.3.2 学生情况

参加课程实验的学生来自世界各地,不拘身份、年龄。由于疫情原因,目前学习高级课程的学生一般来自与北京大学有校际交换项目的各国大学,年龄在20岁上下。

1.3.3 教学情况

学生登录CANVAS平台后,即可按照我们设置好的教学流程来学习。先预习PPT课件,通过生词测验后,方能参加直播互动课程。直播互动中,如个别学生遇到网络问题或有特殊情况不能参课,可以通过回看互动课视频的方式学习或复习。在此模式下,学生的学习形成了一个"学习—运用—复习"的闭环：

图 1　CANVAS＋翻转课堂学习模式

根据翻转课堂的学习特点，我们针对学习的三个阶段设计了互动内容。相对于传统教学，增加了学习内容，除课堂教学之外还有可供预习的 PPT 课件和复习的课堂录像；亦增加了课前学习者与学习内容之间的互动，如生词测验；课堂教学则去除了重复性内容的讲授，增加了互动任务，如以往由教师讲解练习，现改为由学生讲解练习，因为学生已经学习过相关内容，讲解练习答案实际是把自己所学的知识用一遍再讲一遍，客观上强化了学习者与学习内容之间的互动。当学生讲解不足时，其他学生还可以补充完善，教师适当点评，又营造了学习者与学习者之间、教学者与学习者之间的互动。

表 1　CANVAS＋翻转课堂互动模式

学习阶段	课前	课中	课后
学习性质	异步学习	同步学习	异步学习
学习重点	生词、语言点	练习、课文	生词、语言点
学习材料	PPT 课件	腾讯会议	课堂录像
互动活动	生词测验、语言点练习	对答案、学生讲解练习、教师引导课文问答、讨论、复述	生词测验、语言点练习、作业反馈、作业修正后再反馈
互动实质	学习者与学习内容	学习者与教学者 学习者与学习者 学习者与学习内容	学习者与学习内容 学习者与教学者
实现平台	CANVAS	腾讯会议	CANVAS

二　教学观察和学生反馈

2.1　CANVAS 教学观察

经过一个学期的尝试，我们发现，从考试成绩上看，学生的学习效果与传统教学方式无差。从课堂表现看,学生的参与水平较高,在线上课率始终保持在较高水平(98%),甚至高于传统模式。学生的学习热情也未因全在线教学方式而较传统方式减少。这归功于CANVAS平台对翻转课堂模式的有力支持。CANVAS平台对全在线翻转课堂的教学管理非常友好,师生均可更深入更直观地了解学生的学习情况,便于改善自己的教学和学习策略。

2.1.1 CANVAS强大的功能为教师的教学提供了极大助力

首先,节省了教师重复性工作的时间和精力。以往需要讲授的重复性内容录制为视频放在CANVAS中,可供学生反复观看;教师可以轻易地实现将上学期的教学内容一键"搬家"到下学期,避免重复建课的麻烦;一些具有唯一答案的封闭性测验,可以让系统自动批改、评分。其次,CANVAS平台的STUDIO中可以容纳各种类型的学习资源,在线互动课使用多媒体资源更为方便,为课堂提供了更多的教学灵感。再次,CANVAS方便开展形成性评价,为更多维地评价学生、引导学生主动学习提供了支持。如教师可以根据需要调节测验的松紧度,如对于日常小测验,可将测验属性设置为"允许多次尝试",这样学生就可以多次纠正自己的错误,直至回答完全正确。这促使学生在试错的过程中,反思自己的错误,同时也肯定了学生努力的过程。此外,CANVAS在学习反馈方面非常方便。如对于学生的书面作文,教师可以设定清晰的评分标准,使学生明确知道自己各部分的得分情况;可以插入评语、删改、修订学生的句子,还可以把评语以视频的方式反馈给学生。这样既有亲切感,又能满足学生个性化学习的需要。

2.1.2 CANVAS的监控使学生及时得到学习反馈,从而提高自主学习能力

在CANVAS中,学生不仅可以通过测试成绩得知自己的学习效果,还能在数据中清楚地感知自己的学习行为,从而明确如何调整自己的学习策略。从每位学生的学习数据可以看出,学生的学习效果与观看视频的频率、测验的完成度、参与教学活动的积极性呈正相关。这可使学生意识到自己是学习的主角,自己的学习态度、学习行为直接决定学习效果。在使用CANVAS+翻转课堂后,学生的学习明显比使用CANVAS前认真得多,他们会联系老师对PPT课件中出现的某些问题进行核正,而在之前的春季学期,面对同样的问题,却没有一个同学反映。

2.1.3 CANVAS+翻转课堂模式使语言学习者能更大程度地主动利用教学资源

每次在线课堂都会被录制下来放在CANVAS中。在教学设计之初,我们只对学生的预习、生词测验及上互动课有要求,并没有要求学生复习录制的课堂视频。通过观察CANVAS中学生的学习数据,发现所有学生在上完互动课后,都不止一次观看过互动课视频录像。可见,在CANVAS+翻转课堂模式中,学生的学习对象不仅包括预习PPT课

件和课堂互动,还包括课堂录像。而线下传统模式的真实教学中,只有课堂时间用于学习,没有可供学生反复学习的视频材料。难怪学生反映现在用于学习的时间比以往大幅增加。这提醒我们课堂录像的重要性,以往我们认为由于课堂互动的随机性,以及课堂总是围绕着解决学生的问题进行,互动课的录像更适合补课或有针对性地回放观看,因而认为学生对课堂录像的需求不高,现在看来,在难度较高的语言课堂中,学生很难在课堂上一次听懂和掌握所有内容,互动课录像解决了这些问题,因而也成为他们喜用的学习资料。

2.2　学生访谈分析

2020 年秋季学期结束后,我们通过腾讯会议分别对参加学习的 9 位学生进行了访谈。访谈由研究生助教组织学生进行,并对访谈过程进行了录像和转写。之所以采用开放式访谈而不是较封闭的问卷形式,其一是想为学生制造面对面的语言输出和练习机会;其二也想引导学生反思自己的学习,建立有效的元认知策略;其三是想从学生的开放性回答中获得更多超过笔者预想的内容。9 名学生中,3 位来自埃及艾因夏姆斯大学,3 位来自日本早稻田大学,3 位分别来自孟加拉国、韩国和澳大利亚。访谈围绕以下 10 个问题开展。

(1)你是第一次用翻转课堂的形式学习吗?

(2)你觉得自己可以适应翻转课堂的学习方式吗?

(3)你每天花多长时间学习汉语?

(4)与非翻转课堂时相比,你花的时间有变化吗?

(5)实行翻转课堂后,对你的学习有什么改变吗?

(6)你喜欢用翻转课堂这种学习方式吗?

(7)你认为翻转课堂这种学习方式有什么好处或坏处?

(8)你觉得我们的翻转课堂教学模式还有哪些需要改进的地方?

(9)你希望其他类型的汉语课也使用翻转课堂吗?

(10)如果下学期还是只能通过网络学习,你会选择翻转课堂还是传统课堂的学习方式?如果下学期可以像以前一样在教室里上课,你希望哪一种教学形式?

从学生对教学模式的评价与反馈中,发现所有学生都能接受和适应在线翻转课堂的学习方式,90%的同学认为翻转课堂比传统学习方式花费更多的学习时间,但效果更好,效率更高,认为对自己的学习更有用。绝大多数学生感觉这种教学模式比以往传统的教学模式更能丰富知识、提升能力,这门课虽然是汉语课,不少学生反映自己的听力和阅读理解能力有了很大提高,其中重要原因就是反复学习教师的讲解视频。也有学生反映口语能力得到了提高,主要是因为在课堂上有更多开口的时间和机会去表达自己。

学生们认为翻转课堂的好处主要有以下几点:(1)能提前知道自己不明白的点,上课有效发问;(2)提高了听力水平,"如果没听清楚就会反复听。也因为先听视频,所以会预先学习和熟悉生词用法和搭配,也写了更多笔记。如果只在课堂上听一遍可能听不懂","通过老师的视频听汉语的机会变多,听力进步,也比较会讲,对课文理解更深";(3)比以前更有机会查课堂上听到的词语意思和用法,因此知识增加很多;(4)更能理解课文内容;(5)培养独立学习能力,内容听两次印象深刻;(6)课上有充足、公开的问问题时间,"让像我这种比较不好意思问问题的同学可以听到别的同学提出和我一样的疑问,让我的疑问得到解答";(7)可以用自己想学习的时间学习;(8)可以按照自己的学习步调学习。

关于翻转课堂的不足之处,所有学生都认为翻转课堂没有什么坏处,需要改进的地方主要是以下几点:(1)比较花时间,"视频比较长,一小时视频要花三小时才能看完";(2)网上缺乏汉语环境,觉得比较单调,只能一直面对电脑;(3)需要时间适应,"习惯了实体上课,一时换成网课不适应";(4)学习更需要毅力,"视频长的话比较无聊,因为是自己面对着荧幕","视频长就不会看完视频";(5)需要学习更好地安排时间,要更自律。

关于翻转课堂是否能取代传统面对面的授课方式,学生们大多表示还是更喜欢面对面的授课方式,但 CANVAS+翻转课堂模式比单一形式的网课更受学生们的欢迎和肯定。关于其他类型的汉语课是否适合翻转课堂,学生们大多认为较高难度、较大信息量的课程,如概况课、综合课、精读课等更适用翻转课堂的形式,而不认为所有课程适用,如"口语课、报刊课以互动和讨论为主,可能不太合适"。也有将近三分之一的学生认为无论线上还是线下,对于学习难度较大的课程,都应该使用翻转课堂:"因为生词、课文比较难,传统课堂也常常听不懂老师说什么,也没机会问,但翻转课堂可以重复听、暂停视频,更有助于理解。"

三 反思

通过对学生课程反馈的分析和对 CANVAS 平台中学生学习行为数据的分析,我们对 CANVAS+翻转课堂模式有如下反思。

3.1 PPT 课件视频长度不宜过长

由于授课视频是在 PPT 课件基础上分页录制的,安排教学内容时参照的是传统教学方式,以生词数为依据均匀划分课文、语言点及近义词辨析等相关学习内容,从而设置与授课时长相匹配的教学进度。在传统课堂中,教师在实际讲授时会根据学生的接受情况灵活调整用时,并会依学生注意力而调整教学环节的节奏,但制作视频时,由于缺乏经验,对学生自学时面临的问题欠考虑,导致视频长度不一,有些视频长度偏长。教师在制作视频时,以为每次视频长度在 1 小时左右,已少于平时 2 课时的授课长度,学生学习起来应该较为轻松,没想到学生预习视频时所花的实际时间远超传统课堂的学习时间。看来我们忽视了学生看视频做笔记、反复回看、理解内化所需的时间。另一方面,我们以为学生会按自己的节奏学习,当感到疲倦时会自己暂停,但没有考虑到由于互动课前学习任务的完成度直接关系到课堂互动的效果,学生必须在课前熟悉知识,才能在互动课上使用,这使他们面临更大的压力。这些压力迫使他们只能一遍遍看 PPT 课件,直到自己完全理解为止。大部分学生反映自己学习视频的时间是视频本身长度的 3 倍甚至更多,课前的学习时间如果超过 3 个小时,就会使学生感到单调和无聊。尽管学生承认在这种教学模式下掌握了更多内容,但较长时间的自主学习容易疲累,要坚持下来需有较强的学习毅力。如果控制在 30 分钟以内,意味着学生大约会花两个小时时间预习每次的课程内容,在学习强度上更易于使大多数学生接受。

翻转课堂现有大部分教学经验是基于中小学理科课程得出的(Berrett 2012)。根据对学生注意力的研究,翻转课堂的创始人乔纳森认为:对于小学生来说,视频应该控制在 10 分钟之内;对于中学生来说,视频应该控制在 15 分钟之内。(乔纳森·伯格曼 2018)萨尔曼·可汗(2014)则认为 10 分钟的视频课程最为合适。从这个角度看,预习 PPT 课件的时长即使是 30 分钟也超时了。但是,PPT 课件时长若少于 30 分钟,其内容恐怕不足以支撑其后 2 课时的课堂互动任务,影响教学计划的完成。因此,如何跳出传统课堂教学的步调,重新调整翻转课堂的教学内容、任务目标,使学生在合适的注意力水平和学习压力下学习,是下一阶段翻转课堂教学尝试的主要任务。

3.2 发挥在线学习的优势

由于网络传输无法达到传统教学的师生交流现场的标准,在线课堂确实不如传统课堂那样方便开展合作活动,像全身反应教学法、角色扮演、小组协作等活动就不便在线实施。但在线课堂也有优势,如可以高度集中学生的注意力,屏幕整合了所有教学资源,使学生的视线不必在黑板、课本、教师讲解、教室环境之间切换;教师在共享的电子课本上板书和讲解,共享桌面功能使教师在网络平台上运用多媒体教学工具方面更为便利,共享白板也可以实现学生的合作写作等,这些方面都比只有黑板的传统课堂完善。

在线学习可以实现比传统教学更多元化、更丰富的学习情境,使语言学习变得更具趣味性。相对传统教学,学习材料丰富而易得,以往只能在课堂一次过的内容现在可以作为 PPT 课件和录像让学生在课下反复学习;一些动画、电影、游戏、音乐等多媒体教学材料在网络上更易于使用。以往当一个班学生的语言水平差异较大时,常常会出现"高的吃不饱,低的够不着"的现象,这是传统课堂均质化教学方式很难解决的问题,在线学习的异步性、材料的丰富性可以帮助较低水平的学习者反复学习,也可以满足较高水平学习者拓展语言实践,提高语言水平。因此,在线学习意味着建立一种满足新的个性化学习的供需关系:教师应提供多层次的学习内容,以供不同水平和学习动机的学习者使用;学生可根据自己的学习能力和兴趣选择自己的学习内容、方式和节奏。

3.3 互动性教学活动亟待探索

由于教学主体无法真正处于同一空间,先天存在物理距离和心理距离,对于远程语言教学来说,形成在线学习共同体(online learning communities)、培育学习者的社会临场感(social presence),有助于促进群体内成员的协作参与、互动反馈以及情感投入(White 2011)。因此,适当开展有利于增强集体凝聚力、与语言学习相结合的语言实践活动是必要的。

以往传统教学模式中,我们的教学时间非常紧张,仅够勉强完成教学任务,很少有机会进行课本教学以外的课堂互动活动。使用翻转课堂后,学习进度比传统方式快,我们用节省下来的6课时在期中、期末各举行了两次互动。一次是文化比较与分享,由学生自选一个角度,比较中国文化与本国文化的异同,向全班讲解和分享自己的PPT;一次是由课文话题引发的辩论赛,题目是"结婚的前提条件是'爱情'还是'合适'?"学生们先按照自己的观点组队,选出主持人,分出一、二、三、四辩,并写出各自负责阐述的论点。每个学生除了发表自己的辩词外,还在自由辩论环节里进行了激烈而精彩的交锋。这些活动意外地受到了学生的热烈欢迎,认为"提高了学习趣味性""写作、口语表达等能力都有所提高""更像在一起学习"。看来对于全在线教学来说,有效的互动是促进学生之间彼此了解、营造学习气氛、提升班级凝聚力的重要因素。在线学习者缺乏传统课堂中朝夕相处的共同学习环境,发表和分享活动中的自我展示、辩论赛中的讨论与协作,有助于跨越现实中距离的限制,产生一起学习的信念感。

根据期末对学生的访谈,学生们渴望更多的课堂互动,他们偏爱课上的提问、讨论、辩论比赛等活动,不喜欢讲解练习答案之类的活动。与口语课相比,汉语课的互动性特点往往不够突出,还可在提升阅读理解、书面表达能力的互动活动设计方面做更多尝试。在线课堂的共享功能更为便利,可以考虑利用视频会议软件中提供的共享白板,将白板书写的权限开放给每个学生,实现大家一起做作业。如用规定的表达式进行造句练习,一个学生的正确句子在被创造出来的同时即刻被其他学生学习和借鉴,随着有趣的句子越来越多,学生们想表达的内容也越来越丰富,学习趣味性和学习效果都有所增加。本学期受到学生欢迎的辩论赛,也是将书面表达、口语和听力训练合为一体,学生们在自己捍卫的观点面前组队,投入言说的热情中,全方位地锻炼了语言能力。

四 结语

2020年以来的新冠肺炎疫情使我们只能尝试新的教学方式、使用新的教学工具来迎接现实带来的挑战。从某种意义上说,疫情为网络教学和翻转课堂的实践提供了时机。正如语言加工软件的发明和使用改变了很多教授和大学生撰写论文的方式,网络成为教学的主要工具和场所后,也会改变传统的教师教学和学生学习的方式。这种改变是深刻的,一旦我们习惯将这种工具大面积运用于教学,很可能意味着一场教育革命的到来。

CANVAS+翻转课堂的教学模式的实践经验为后续全在线的国际中文教学提供了新的思考方向:翻转课堂使教学中心由"教"转向了"学",将异步学习与同步学习相结合,满足学生个性化学习需求的同时,也提出了培养学习自主性的目标。CANVAS的参与,解决了全在线的翻转课堂教学缺乏教学反馈的问题,不仅使教师更为了解学生的学习情况,也使学生更为了解自己的学习,从而更好地自主学习。我们将继续探索这个领域,迎接新时代对国际中文教育的挑战。

参考文献

李　泉(2020)"新冠疫情对国际中文教育影响形势研判会"观点汇辑,《世界汉语教学》第4期。

方　梅、李先银、谢心阳(2018)互动语言学与互动视角的汉语研究,《语言教学与研究》第3期。

乔纳森·伯格曼(2018)《翻转课堂与深度学习:人工智能时代,以学生为中心的智慧教学》,杨洋译,中国青年出版社。

萨尔曼·可汗(2014)《翻转课堂的可汗学院:互联时代的教育革命》,刘婧译,浙江人民出版社。

Berrett, D. (2012) How "flipping" the classroom can improve the traditional lecture. *The Chronicle of Higher Education*, 58(25), 16—18.

Clark, H. H. (1996) *Using Language*. Cambridge: Cambridge University Press.

Hafner, C. A. & Miller, L. (2011) Fostering learner autonomy in English for science: A collaborative digital video project in a technological learning environment. *Language Learning & Technology*, 15(3), 68—86.

Lamy, M-N. & Hampel, R. (2007) *Online Communication in Language Learning and Teaching*. New York: Palgrave Macmillan.

Little, D. (1995) Learning as dialogue: The dependence of learner autonomy on teacher autonomy. *System*, 23(2), 175—181.

Little, D. (2007) Language learner autonomy: Some fundamental considerations revisited. *Innovation in Language Learning and Teaching*, 1(1), 14−29.

Macaro, E. (1997) *Target Language, Collaborative Learning and Autonomy*. Clevedon: Multilingual Matters.

Mallen, M. J., Day, S. X. & Green, M. A. (2003) Online versus face-to-face conversations: An examination of relational and discourse variables. *Psychotherapy: Theory, Research, Practice, Training*, 40(1−2), 155−163.

Moore, M. G. & Kearsley, G. (1996) *Distance Education: A Systems View of Online Learning*. Belmont, CA: Wadsworth.

Roehling, P. V. (2018) *Flipping the College Classroom: An Evidence-Based Guide*. Cham: Springer International Publishing.

Scharle, Á. & Szabó, A. (2000) *Learner Autonomy: A Guide to Developing Learner Responsibility*. Cambridge: Cambridge University Press.

Wass, D., Harland, T. & Mercer, A. (2011) Scaffolding critical thinking in the zone of proximal development. *Higher Education Research & Development*, 30(3), 317−328.

White, C. (2011) *Language Learning in Distance Education*, 外语教学与研究出版社。

作者简介

刘晓南，北京大学对外汉语教育学院副教授，主要研究方向为跨文化交际。Email: Liuxn@pku.edu.cn。

汉语国际教育专业学生学术论文引言分析[①]

辛 平

北京大学对外汉语教育学院

提 要 学术论文在写作上具有较强的规约性,结构上的同质性较强。学术论文的引言包括三大交际功能:确立研究领域,开辟研究空间,占据研究地位。在学术论文写作中,引言部分的写作是难点之一。本文分析了30篇学生学术论文的引言部分,从宏观层面分析了学生学术论文引言的语步结构,微观上考察、分析了语步的内容。研究发现学生学术论文引言中确立研究领域是强势语步,出现的次数多,但其中回顾已有研究语阶出现的次数明显偏少;与专家学术论文的引言相比,学生学术论文的引言语步结构不完整,尤其是开辟研究空间语步缺失较大。引言的语步内容上,我们发现学生学术论文的引言存在以提出问题代替确立研究领域,缺少对已有研究的评价,语步之间缺少逻辑关联等问题。研究结论显示应加强学生学术论文写作规范的教学。

关键词 学术论文 引言 语步结构 写作

一 引言

自20世纪80年代起,体裁[也称语类(genre)]分析理论开始应用于学术论文的研究中,体裁分析理论注重将学术论文的交际目的、情境特点与语言表现相结合,认为学术论文具有高度规约化属性。Swales(1990)对不同学科的学术论文的引言部分进行了分析,发现不同学科的学术论文的引言的交际作用相同,具有基本相同的行文模式,按照交际目的提出引言部分的结构形式,并提出CARS(Create a Research Space)模型,修正为三个语步(move)[②],认为学术论文的引言包括三大交际功能:确立研究领域,开辟研究空间,占据研究地位。CARS模型在引言的分析研究中得到了广泛的应用,主要用于中英文学术论文的对比研究及专家型研究者和学生研究者的学术论文的对比研究上,如李俊儒(2009)、姜玉宇(2010)等的研究。近年来有学者也开始使用语步分析框架对汉语应用语言学论文的引言进行研究,如刘弘、杨欣怡(2017)分析了汉语国际教育专业学生学术论文(包括学年论文和学位论文),主要考察了引言中不同语步结构的频率分布、各语步的字数占比和语步组合模式,发现学生学术论文的引言相较于专家学术论文在语步数量上更完整;李颢(2018)基于期刊论文分析了专家型研究者写作的学术论文的引言结构和语言特征,为后续研究提供了参考;刘凤琴、郑通涛(2019)的研究主要从语步数量上对比了专业型硕士和学术型硕士两类硕士学位论文的引言,发现两类硕士学位论文的引言并无显著区别。目前针对学生学术论文引言的研究比较关注语步数量上的对比,偏重对引言宏观语步结构层面的量化描写;研究对象多为学位论文,对课程论文[③]的分析较少,对于引言语步内存在的问题还缺乏细致的分析。单篇论文是学生研究者较为常见的写作形式,是学位论文写作的基础,因此观察学生单篇论文引言部分的表现,从宏观结构到微观质量进行分析,对于加强学术写作的规范性训练,进而培养研究能力是较为重要的一步。

本文关注学生学术论文引言的两个问题:(1)以CARS模型为基础,对30篇汉语国际教育专业学生(本科生和硕士研究生)的课程论文引言的宏观结构进行分析,并与专家的学术论文引言进行对比;(2)考察引言语步的内容及语步之间的逻辑关系,对语步质量进行分析。在研究结论的基础上对学术论文写作的教学提出针对性的建议,为学术论文写作课程建设提供参考。

二 学生学术论文引言的语步结构分析

Swales(1990)在研究了多学科的学术论文引言的基础上,提出了学术论文的引言分析框架,即CARS模型,认为从交际目的上划分,学术论文的引言包括三个语步:语步一,确立研究领域;语步二,开辟研究空间;语步三,占据研究地位。每个语步下包含服务于语步的具体的语阶[也称步骤(step)]。语步一中包含"确定中心议题""概括主题内容"和"回顾已有研究"三个语阶。语步二中包括"反对论证""指出空白或者不足""提出新的研究问题""继承研究传统"四个语阶,这四个语阶之间的关系是或选性质,缺少任何一个都不影响语阶或者语步的完整程度。语步三中包括"概述研究目的""通报当前研究情况""通报主要发现""指出本文框架结构"四个语阶。王萍丽、冯凌宇(2014)依据对学术论文的分析,认为汉语应用语言学领域的学术论文的引言包括四个必要的部分;李颢(2018)通过观察汉语国际教育领域学术论文的引言,增加了语步0,作为背景知识介绍部分。但总的来看,各位学者认可的引言部分的语步结构的划分基本是一致的,主要区别体现在切分的颗粒度上或者语步内的具体语阶上。本文以Swales的CARS模型作为基础,同时参考王萍丽、冯凌宇(2014)和李颢(2018)的研究成果,确立了本文使用的引言语步框架。

在对学术论文的引言进行观察和语步划分时,为了统一标准,便于操作,本文对语步内部的语阶进行了归并,对框架内的步骤进行了界定。语步一包含两个语阶,语阶1为确立研究领域或者概括主题内容,语阶2为回顾已有研究。语步二中的语阶1为指出差距或空白,语阶2为提出问题,语阶3为反驳前人观点。语步三中的语阶1为介绍研究的具体问题,语阶2为指出本文结构,语阶3为说明研究方法、研究目的。详见表1。

表1 本文使用的语步切分框架

语步	语阶
一、确立研究领域	1.确立研究领域或者概括主题内容
	2.回顾已有研究
二、开辟研究空间	1.指出差距或空白
	2.提出问题
	3.反驳前人观点
三、占据研究地位	1.介绍研究的具体问题
	2.指出本文结构
	3.说明研究方法、研究目的

从功能上看,引言中的语步一是研究问题的定位,语步二是说明为什么要进行这项研究,交代研究背景,语步三是研究的具体问题、研究方法及研究预期目的。

2.1 学生学术论文引言语步结构分析

本文分析的学生学术论文共30篇,其中15篇本科生学术论文、15篇硕士研究生学术论文。学生的专业为汉语国际教育。学生学术论文的研究内容为语言要素的教学研究、教材教法研究及文化教学研究,在研究方法上都属于非实证性学术论文。

语步的划分方法采用自上而下的方法,根据语用功能,对引言部分进行切分,然后对切分出的语言片段进行命名分类,统计出每篇引言中包含的语步类型、语步数量,按照本科生和硕士研究生分类统计。详见表2。

表2 学生学术论文引言中的语步分布

语步	学术论文总篇数	本科生学术论文篇数	硕士研究生学术论文篇数
一、确立研究领域	24	11	13
二、开辟研究空间	11	4	7
三、占据研究地位	11	6	5

从数量上看,学术论文的引言中出现较多的语步是确立研究领域,80%的引言在学术论文开头都说明了要研究的主题是什么。包含语步二和语步三的学术论文所占的比例都不足一半。表明学生在学术论文开头,基本能够提出研究问题,但对于研究背景的分析以及明确提出研究方面还有欠缺,有约63%的学术论文的引言中缺少语步二或语步三。

李颢(2018)从《世界汉语教学》《语言教学与研究》《华文教学与研究》中选取了30篇汉语国际教育领域的学术论文,按照CARS模型,分析了学术论文的引言,通过分析发现汉语国际教育领域期刊引言主要有论证研究议题的价值、分析已有研究不足、通报本文研究特点三个交际功能。专家学术论文的引言语步完整性比例达80%,且在三个语步中,语步一和语步三为强制性的语步,即便没有语步一,也需要提供背景知识来实现语步一的功能,不可省略。通过对学生引言语步的分析,我们发现与专家学术论文引言相比,学生学术论文的引言的语步完整性上差异较大,尤其表现在语步二和语步三上。学生学术论文中的语步一在数量上最接近专家学术论文,但在语步一中,学生论文的常见模式是直接提出研究问题,缺少对研究议题的价值进行论证的内容。

从数字上看,即使到了研究生阶段,学生学术论文与专家学术论文在结构上还是存在较大差异,这反映出深层次上学生对于学术论文的交际功能缺乏认识,对于学术论文的体裁特点缺乏了解,在学生的专业学习的过程中,较为缺少学术研究与学术论文写作的训练。

2.2 学生学术论文引言中的语阶分析

学术论文引言中三个语步共同承担了学术论文引言的交际功能,语步内部的语用功能由更小的语言片段组成,这些语言片段也被称为实现语步功能的语阶,经过对学生学术论文引言语步的考察和分析,我们发现学生学术论文引言中的同一个语步内所包含的语阶在数量上存在较大差异。详见表3。

表3 学生学术论文引言语阶数量

语步	语阶	学生学术论文总篇数	本科生学术论文篇数	硕士研究生学术论文篇数
一、确立研究领域	1.确立研究领域或者概括主题内容	24	11	13
	2.回顾已有研究	9	4	5
二、开辟研究空间	1.指出差距或空白	8	2	6
	2.提出问题	8	3	5
	3.反驳前人观点	3	0	3

续表

语步	语阶	学生学术论文总篇数	本科生学术论文篇数	硕士研究生学术论文篇数
三、占据研究地位	1.介绍研究的具体问题	10	5	5
	2.指出本文结构	2	0	2
	3.说明研究方法、研究目的	5	4	1

从上表中我们可以发现,三个语步内部语阶出现的数量并不均衡。语步一是学生学术论文中的强势语步,但在语步一内部的两个语阶中,主要出现的是"确立研究领域或者概括主题内容"语阶,语阶2"回顾已有研究"出现得较少;语步二中出现的主要语阶集中在"指出差距或空白";语步三中出现的主要语阶为"介绍研究的具体问题",对于学术论文结构及研究方法涉及得较少。

从上表数字可以看出,学生学术论文引言中出现的语阶序列为:确立研究领域或者概括主题内容(语步一,语阶1)——介绍研究的具体问题(语步三,语阶1)——回顾已有研究(语步一,语阶2)。本科生学术论文的引言中的语阶序列为:确立研究领域或者概括主题内容(语步一,语阶1)——介绍研究的具体问题(语步三,语阶1)。硕士研究生学术论文中的语阶序列为:确立研究领域或者概括主题内容(语步一,语阶1)——指出差距或空白(语步二,语阶1)。从三个不同的语阶序列上可以看出语步一中的语阶1是绝对强势语阶,是学生对于学术论文写作认知中的必备语步。

三 学生学术论文引言语步内容分析

我们对学生学术论文引言的语步内容进行了全面考察,发现学生学术论文引言在宏观结构上较为完整,但在内容上还存在诸多问题,比较典型的有以下五类。

第一类,引言缺失。学生的学术论文中20%缺少引言部分,一部分学术论文开头即直接讨论问题,提出结论,一部分学术论文则反映出学生对学术论文的写作规范不够清楚,突出表现为对于学术论文的摘要、引言等非主体研究部分存在认识模糊的现象,出现摘要和引言行文上基本相同、摘要和引言随意替代的情况。例如:

(1)摘要:汉语的近义词、同义词是留学生的学习难点。许多汉语教材中为了学生更好地学习汉语词汇,都对其进行了英文注解。但是,大量的汉语词使用一个英语词来解释会进一步增加学习汉语的难度。针对汉语教材中的同译词现象,本文以《发展汉语(中级上)》为例,进行了分类与分析。

通过对《发展汉语（中级上）》的同译词的分析比较，我将其分为以下几类……（本02）

例(1)在形式上引言部分缺失，学术论文开篇即进入研究主体部分，介绍了对教材中出现的同译词进行分类的结果，没有提出研究的主要议题以及研究背景。而在摘要部分，简要介绍了研究的主要内容及研究的背景，但缺少摘要应该具备的主要内容——研究结论。从连贯性上看，这篇学术论文的摘要可以直接放在学术论文的开头，充当学术论文的引言，实现引言的交际功能。可以说例(1)虽然在段落的开头标明了"摘要"，但缺少了摘要的主要成分，从语义功能上看，这段摘要更接近于学术论文的引言。

这种情况反映出学生对学术论文中不同结构所包含的交际功能缺乏了解，对于摘要、引言的结构特点也缺乏基本的认识。

第二类，学生学术论文中"确立研究领域或者概括主题内容"的功能主要是通过概念界定或者提出研究问题两种形式承担。论文的引言部分需要确定研究的领域，并从研究领域中确定研究的中心议题，实现构建研究网络的交际功能，并对即将进行的研究在已有研究网络上进行定位，因此一般遵循从大的范围到具体的研究中心议题的顺序进行定位。通过分析学生的学术论文，我们发现学生学术论文中实现这一功能的语言手段主要是名词术语或者概念的界定或者直接提出具体的研究问题。例如：

(2)新词是时代的产物，不仅具有一般词汇的特点，而且还有一定的时代特点。新媒体时代，新词普遍具有能产性强、来源广泛、更替迅速、结构形式多样等特点。吕叔湘先生提出新词语包括词语的新构成、旧词新义和北京口语新词，现今从新词产生背景来看，多将其分为旧式新义词和新式新义词。新词反映了一个时代的政治经济文化特征，不仅是对原有词汇词义的突破，还是对构词形式、构词规范的突破。实际上，我们很难为新词下一个完美定义，世界上也没有通用的新词定义，在此文中，以葛本仪老师的新词定义为研究对象。（本07）

例(2)中主要的内容是介绍新词的特点，提出论文的研究对象是新词。没有指明研究内容"新词"的上位范畴是什么，也没有指出"新词"范畴下的具体研究内容是什么，即从哪个视角对新词进行研究，具体研究新词的哪个方面的问题，读者无法了解这项研究所属的研究网络以及研究的具体问题。

第三类，对已有研究缺少评价，或者评价缺乏依据、主观随意。引言中回顾已有研究，对已有研究进行评价，是论述研究价值的主要环节。通过指出已有研究存在的问题，能凸显继续进行研究的必要性。但学生学术论文引言中这一语步缺失最为严重，即使论文中包含的对已有研究进行评价的部分，也存在诸多问题，主要体现为评价没有依据，没

有建立在对已有研究进行描述的基础之上,所指出的已有研究的不足较为空泛,多为可以放在任何研究之后的"万能评价"。例如:

(3)现有对网络流行语的研究成果并不能满足其发展速度。另外,虽然学界大多从语义角度对网络流行语进行分析,但是鲜少对网络流行语的词义透明度进行分析。(本12)

例(3)中对已有研究的评价部分,指出已有研究滞后、研究成果数量较少等问题,并没有叙述已有研究的现状以及得出这一结论所依据的事实。所提出的评价具有随意性和主观化色彩,缺少令人信服的依据,不符合学术论文的情景特点,没有很好地实现引言部分的交际功能。

这种情况主要反映了学生已经具备了初步的学术论文规范性意识,了解了学术论文的结构特点,但是对语步的交际功能尚未完全理解,出现了为了评价而评价的现象。

第四类,提出研究问题的理据不足,研究的必要性不明晰,或者是基于个人体会或者主观感受。例如:

(4)目前各高校的对外汉语中国文化类课程还是以传统的讲授法和多媒体教学法为主,这些方法更适合喜欢被动接受知识、不喜欢发表自己看法的中国人或者亚洲人,但是并不适合大多数自我意识、思辨能力较强的外国人。(研27)

例(4)中简单归纳了中国人和外国人的特点,又指出传统的教学方法不受外国人欢迎,因为缺乏理据和来源,这些判断过于随意,同时也缺乏说服力,从而影响了研究价值。

(5)近年来随着全球"汉语热"的升温,中国的学者越来越重视对外汉语教学的理论建设。然而,更多的人把注意力放在语言要素的教学上。由于中国文化课程对留学生的帮助不是登时立显的,无论是学者还是教师,都难免忽视了中国文化的教学。然而,语言和文化是水乳交融、血肉相依的关系,要想真正学好世界上最难的语言之一——汉语,则必须对孕育这门语言的文化背景有所了解。(研27)

例(5)用了较长篇幅,说明了汉语教学中存在不重视中国文化的现象,又指出语言与文化的关系是密不可分的,要学好汉语必须了解中国文化。作者试图以此证明自己将要进行的文化问题研究是十分有价值的,但是对目前汉语教学中不重视文化教学的现象没有说明来源,也缺少客观性。另外,文化对于语言的重要性是不言而喻的,已经广泛取得共识,不需要进一步说明。上述两层意思作为研究问题提出的背景都不十分恰当,如果文化问题是研究范畴,应该进一步明确研究的中心议题,具体说明要研究文化的哪个方面的内容,并强调具体研究问题的重要性。

第五类,引言语步之间缺少逻辑联系。例如:

(6)众所周知,自20世纪90年代始中国互联网飞速发展……学界也有越来越多的人把研究方向放在网络语言上。

目前学界对网络流行语定义的标准不一,本文所称的网络流行语是……网络语言作为一种新的社会方言,具有极高的研究价值。且其有着无限的创新性,范围不断扩大,现有对网络流行语的研究成果并不能满足其发展速度。另外,虽然学界大多从语义角度对网络流行语进行分析,但是鲜少对网络流行语的词义透明度进行分析。

本文针对这一情况,拟采用……分析网络流行语中的词义透明度现象,以期丰富网络流行语的研究领域,激发学界对网络流行语的进一步探索和研究。(本12)

例(6)的引言结构的完整度较高,具备三个主体语步,但是三个语步之间缺少紧密的逻辑联系。这段引言中,首先提出了网络流行语是一种重要的语言现象,指出现有研究不丰富、缺少词义透明度的研究,在此基础上提出研究的主要内容是网络词语的词义透明度问题。引言中没有说明为什么网络流行语的词义透明度具有研究价值,而这是学术论文要研究的中心议题,需要对研究现状及研究价值进行清晰的说明。

(7)矛盾格,又称矛盾修辞格,是一种常见、常用的词格……学界对于矛盾格的研究却始于20世纪30年代唐钺的《修辞格》一书。自此之后,前贤、时贤从不同的角度对此进行了深入而细致的研究,如陈望道先生的《修辞学发凡》(1984)、王希杰的《汉语修辞学》(1983)等学术著作及相关学术论文。但由于矛盾格自身存在的复杂性,仍存在大量的研究空间。因此,本文仅从完全性矛盾格入手,结合认知语言学的焦点——背景理论进行分析,坚持结合汉语实际情况的原则,以语料为先,力求进一步解释矛盾格,为后人的研究提供借鉴意义。(本11)

例(7)提出研究领域为矛盾格,指出因为矛盾格复杂,存在研究空间,之后提出研究的问题是完全性矛盾格。对于新的术语"完全性矛盾格",同例(6)一样没有论及这一研究中心议题的概念以及与"矛盾格"的关系,没有交代这一问题的研究现状及研究的价值,语步之间的逻辑关系也缺少必要的交代。这导致在研究现状和新的研究问题之间缺少衔接。

四 结论及对学术论文写作教学的启示

从目前语料看,学生学术论文引言的主要模式为:提出研究问题+研究的重要性。

与专家学术论文相比,学生的学术论文引言结构不完整,在开辟研究空间和占领研究领域功能上缺失较为严重,尤其是已有研究回顾及分析部分。从研究现状出发,论证进行该研究的必要性,是学术论文区别于其他体裁的标志性特征。60%的学生学术论文忽略引言中的这一交际功能,反映出学生对于引言应包含的主要结构缺少认识。

引言语步在内容上质量较低,存在着对已有研究评价主观随意、以常识性内容代替研究背景、语步层次之间缺少逻辑连接等问题,未能较好地体现学术论文的交际功能。

本科生、硕士研究生学术论文总体上看差别不大,显著的区别表现在对已有研究的综述和已有研究与目前研究的衔接上。总体来看,随着学生学习年限的增加,引言写作的能力有所提高,同时我们也发现硕士研究生学术论文组中,组内之间的差异大,其中的4篇具备完整语步的学术论文,各个语步的质量也相对较高,写作质量上也相对较好,体现了研究能力和水平。

学术论文写作不是母语者自然学会的,是需要学习以后才能掌握的,在写作教学中不仅要重视学术论文的结构框架,也要注意学术论文中每一部分的特定的交际功能和目的,如摘要、引言、结论等,在引言部分的教学中应该将学术表达与论文的结构和交际目的相结合,按照语步结构分层次教学,结合实例进行分析,在此基础上进行写作训练。

在学术论文的引言部分的教学中,应该重视对已有研究进行回顾的部分,包括对已有相关文献的选择、叙述及评价,以此凸显新研究的价值。在写作教学中,既要进行学术规范的培养,同时也要进行研究思路的培养,培养学生的逻辑思维能力、文献阅读能力、学术表达能力。学术论文写作教学也应注重研究能力的培养。

注 释

① 学生学术论文与专家学术论文相对,是指写作者是学生(本科生、硕士研究生)的学术论文。
② 语步指语篇中能够起交际作用,实现交际目的一个个片段(section),单个语步不仅有自己的目的,同时也是构成整个体裁的重要环节。
③ 课程论文指的是某门专业课的期末论文,在结构上与期刊论文相同,不同于学位论文。

参考文献

姜玉宇(2010)中英文应用语言学论文引言体裁分析,《合肥工业大学学报》(社会科学版)第2期。
李 颢(2018)《基于体裁分析的学术引言写作及教学应用——以汉语国际教育领域为例》,浙江大学硕士学位论文。
李俊儒(2009)《中英文应用语言学论文引言部分的体裁分析与对比》,上海外国语大学博士学位论文。
刘凤琴、郑通涛(2019)对外汉语专业硕士学位论文引言分析,《海外华文教育》第4期。

刘　弘、杨欣怡（2017）基于语步的汉语国际教育专业本科生教学研究类论文引言结构考察，《云南师范大学学报》（对外汉语教学与研究版）第 2 期。

王萍丽、冯凌宇（2014）《国际汉语教学论文写作教程》，中央民族大学出版社。

Swales，J. M.（1990）*Genre Analysis：English in Academic and Research Settings*. Cambridge：Cambridge University Press.

作者简介

辛平，北京大学对外汉语教育学院教授，主要研究方向为汉语作为第二语言的写作教学研究、汉语作为第二语言的词汇及词汇教学研究。Email：xinping@pku.edu.cn。

论汉语国际教育硕士文化类学位论文选题的价值立场

李 丽

北京大学对外汉语教育学院

提 要 汉语国际教育硕士文化类学位论文具有自身的学科价值和应用研究价值，但目前相关的选题和研究在数量和质量上都有待进一步提高。对此，师生需要秉持客观自信的专业立场，树立积极正面的研究信心，采用兼容并包的研究态度，从跨文化的视角努力挖掘中国文化的独特意义，对传统文化中某些不合时宜的现象能"化腐朽为神奇"，阐释出相关故事的历史价值和可取精神。导师自身也应发挥学术专长，拓展并提升相关教学与研究能力以及对文化类学位论文的指导能力。

关键词 汉语国际教育硕士 文化类学位论文 价值立场

一 文化类学位论文的学科价值

汉语国际教育硕士学位是重实践、重应用的专业学位。设立十几年来，培养了数以万计的汉语国际教育专业人才，他们在各自的教育领域展现出作为应用型人才较好的实践能力。不过，研究生层次的人才培养，也需具备一定的专业研究能力和水平。《全日制汉语国际教育硕士专业学位研究生指导性培养方案》明确规定了学位论文的培养环节，并强调了论文选题应紧密结合汉语国际教育实践的应用价值。

从学理上说，国际中文教育是跨文化的语言教学活动。作为培养汉语二语教学高层次人才的汉语国际教育硕士专业，文化类学位论文的选题可以说是与国际中文教育实践结合最紧密的选题方向，于教学实践最有应用价值。教授语言离不开相关文化的介绍与诠释，从二语学习者的角度看，语言本身就是一种文化。不仅如此，对外国人的汉语教学，无论在国内还在国外都是一种跨文化的教学活动(李泉 2009)。汉语作为第二语言的教学，必然要涉及语言相关的文化内涵和文化现象。如何在汉语教学的同时教授中华文化？如何通过学习中华文化更好地理解和运用语言？更重要的还在于，如何在汉语教学中处理跨文化差异，化解跨文化冲突？这些都是汉语国际教育硕士文化类学位论文选题值得关注的问题，也是汉语国际教育硕士生在未来的汉语教学工作中必然要涉及的问题。借助相关的理论和文化事例及文化现象，来研究和解决这类问题，不仅有助于拓展和提升汉语国际教育硕士生解决汉语教学中文化问题的能力，也有助于丰富汉语二语教学的学科理论研究成果。

二　文化类学位论文的研究价值

文化类学位论文选题，不仅有其基于学科属性的价值，而且由于文化具有多样性、发展变化性、中外文化差异性以及几乎无处不在、无所不包等特点，更值得进行持续性研究。事实上，学界已在宏观的分类及归纳方面，将文化作为二语教学学科研究及汉语国际教育硕士学位论文研究的重要内容。如李晓琪等(2002)将二语教学研究分为语言本体、文化、习得、教学、习得教学综合、其他六大领域，刘弘、杨喆(2013)将汉语国际教育硕士学位论文选题归纳为语言本体研究、文化研究、习得研究、教学法研究、教师研究、计算机辅助教学研究、测试研究、机构与课程研究、教材研究、对比研究十大类，周国鹃(2014)划分出汉语本体、中外语言对比、教学、文化、汉语习得、教材、测试七类学位论文选题，亓海峰(2015)将论文选题分为汉语作为第二语言教学、汉语作为第二语言习得、汉语本体特征、文化与交际、汉语教师素质，周红(2019)根据汉语教学基础、汉语教学方法、教学组织与课堂管理、中华文化与跨文化交际、职业道德与专业发展五大模块统计选题领域，都包括文化类论题。

需要指出的是，尽管在归纳分类和研究领域方面，文化类一直都表现得不可或缺、无法割裂，但在具体的研究和微观的指导上，比如文化类论文究竟该怎样选题及写作，相关的研究成果并不多见，目前仅发现两篇硕士学位论文[①]。文化类选题的研究薄弱，折射出对文化现象的捕捉能力和文化问题的提炼及研究能力的欠缺。

三　文化类学位论文的写作现状

从实际汉语国际教育硕士毕业论文的写作情况来看，文化类学位论文在数量上只占极少数。据考察和统计发现，无论是学术型硕士还是专业型硕士，中国学生专业型硕士还是外国学生专业型硕士，中国大陆汉语国际教育硕士还是中国台湾华语文硕士，其论文选题大多集中在课程与教学、本体研究、习得研究和教材研究四类，文化方面的研究只在5%左右(刘弘、沈心悦2019)。就汉语国际教育硕士论文选题来看,呈现出汉语作为第二语言教学＞汉语作为第二语言习得＞汉语教师素质、汉语本体特征＞文化与交际的分布次序。(亓海峰2015)近年来文化类选题总体上有所提升,但"只占教学类选题的12.1%,占所有汉硕论文选题比例更是只有8.9%"(刘楚群、冷凌飞2019)。黄伟、李珺婷(2019)对16805篇汉语国际教育硕士学位论文统计发现,其热点选题方向主要有偏误分析、教学策略、教学模式、教材编写、泰国学生等,文化类选题不在其中。前面提及的两篇专门探讨文化类学位论文的硕士论文,对此类学位论文的选题、研究内容和方法等进行了大致的统计、考察和讨论,也指出文化类学位论文选题总体数量上偏少。不仅如此,笔者从随机收集到的近百篇汉语国际教育硕士文化类学位论文里初步发现,不少论文的写作也表现出选题过于宽泛,实践性和实用性案例欠缺,内容重复率高,建议和意见缺乏新意及指导价值等不足。

目前看来,汉语国际教育硕士文化类学位论文无论在数量还是质量上,都亟待进一步提高。如何走出文化类论文选题、研究和写作的种种困境,进一步提升文化类论文质量的出路何在等,已然成为汉语国际教育硕士学位论文研究的重要乃至前沿性课题,很值得探讨。(李丽2022)

四 客观、自信的学科专业立场

4.1 汉语国际教育硕士专业师生学术背景

有研究者曾对汉语国际教育硕士专业的学术背景进行过统计分析,指出多年来,因汉语国际教育硕士专业的生源没有专业限制,实际招收的汉语国际教育硕士生绝大多数都是非中文和对外汉语专业,据统计,这类学生占汉语国际教育硕士生总数的70%左右(李泉2010),他们本科不仅有人文科学类、社会科学类等专业,甚至也涉及理工农医类等学科和专业。对于这些既没有在本科阶段进行过系统汉语言专业学习,又缺乏汉语二语教学经验的学生来说,去做需要有一定专业知识储备的汉语本体类专题研究,或者汉语汉字教学设计等应用研究,有相当困难,甚至是不现实的。相对而言,如果选择文化类主题,也许可以避重就轻,也可以发挥各自独到的学术背景与识见,参与到汉语国际教育的文化研究中来,何况汉语国际教育硕士专业也设置了不少相关的中外文化课程。

至于汉语国际教育研究生导师们的学术背景为何,目前还未见学界有过统计研究。据笔者所任教的学院,以及从各相关院校官网师资队伍的介绍来看,汉语国际教育研究生导师大多毕业于中文系语言学及文学专业,而文学专业里,又有古代文学和现当代文学等不同。文化类毕业论文的指导教师,大多是中文系文学专业出身。毕竟语言学本体研究对于非本专业出身的学生是难题,对于导师来说亦是如此,这是不可否认的事实。

4.2 文化类论文选题困境

文化类研究虽然看似不涉及诸如汉语语法、二语习得等方面的理论知识,但其实并不容易。不仅需要有相对系统的中国文化知识储备,也要对外国文化也有相当程度的了解;不仅需要学习和了解中华文化的特点和发展演变的脉络,也要了解中外文化的差异等。尤其令人挠头的是,怎样将"文化"这个直到如今都无法权威定义和分类的概念,与汉语国际教育专业完美结合,真正地从学科角度对文化予以观照和研究,以此来丰富和推进汉语二语教学,是个至关重要的难题。

这就难免会出现一些范围超大、内容宽泛得如同"文化"本身那样浩瀚的论文题目,如《对外汉语教学中的文化教学》《中国文化与对外汉语教学》《对外汉语教学中的文化教学思考》,也会出现一些名不副实、缺乏新意的论文题目,如《关于对外汉语教学中文化导入必要性的探析》《对外汉语文化教材研究——以〈中国概况〉为个案分析》《对外汉语教学中的传统节日文化研究——以春节为例》。选题空泛和陈旧,难以做出有新意的研究,也难以得出有价值的结论。伴随着大而不当或者缺乏新意的选题而来的,必然是内容的空洞无物、缺乏创新,得出的所谓建议或意见,也大抵如此。

在实际的指导与写作中,在经历了各种艰难或失败后,汉语国际教育硕士专业师生逐渐发现,文化类论文其实并不好做,于是将研究视野开始投入二语教学、教材研究、习得及汉语学习史料爬梳整理等方面。这也许是文化教学在汉语二语教学中地位重要,但文化类学位论文选题数量却始终徘徊低迷的一个重要原因。

4.3 树立专业信念,培养研究信心

要想突破汉语国际教育硕士文化类学位论文的诸种困境,从导师的价值立场方面看,特别需要树立正确的学科和专业观念。鉴于目前汉语国际教育硕士专业毕业生有不少无法充分实现学以致用、找到对口的工作,一些导师便表现出对本专业的抱怨甚至否定情绪,对文化类学位论文的选题亦是持同样消极回避、不推荐的态度,认为学生去上上文化课,看看文化类书籍,积累一些文化知识便可,将文化研究与二语教学相结合去做研究,很难找到一个适合的研究点,也很难在一番研究之后推陈出新,得出真知灼见。总之,一些导师认为做文化类研究,属于吃力不讨好。一些导师的这些畏难情绪是造成汉语国际教育硕士生文化类选题少的重要原因。

导师是学生学业的指导者乃至学生未来事业的领路人,对于导师来说,要学会谨言慎行,不应该将负面情绪或看法传递给学生。不能因为一时的入行难、就业难,就对本专业本学科失去信心;不能因为文化类选题不好把握、难以驾驭就视而不见、避而不谈。事实上哪个专业就业都不容易,我们既培养学生本专业素养,也培养学生发现问题和分析

问题的能力。试想，如果连导师自身都没有信心、失去希望，学生又怎能安心学业？又怎能愿意去做，并做好文化类学位论文？无论师生，都需要明白学一行、爱一行的道理，努力之后不一定都能取得成功，但不去努力绝对不会收获果实。事实上，文化类选题与研究，不但可以提升师生对文化现象的观察能力和跨文化诠释能力，也有助于推进基于汉语二语教学和中国文化国际传播的文化问题研究，丰富学科建设的内涵。

五　研究对象的筛选及价值判断

5.1　兼容并包的研究态度

想要增加并丰富文化类论文的研究，首先需要师生秉持正面、积极和开放的研究态度，学会尽可能地包容、接纳和阐释各类文化现象、文化案例，而不是想方设法地挑剔、抨击、消极应对。只有兼容并包的胸怀，才能广纳丰富多彩的研究资源，并在此基础上去粗取精、去伪存真。

在一次关于文化类学位论文选题的讨论中，笔者举了《对外汉语教学中的孝文化教学》《以孝文化为主题的对外汉语文化教学研究与设计》《面向欧美留学生的对外汉语孝文化教学研究》三篇论文题目为例，指出这些论文在标题上重合度高，且研究的切口较大，范围宽泛模糊，不如《"二十四孝"故事与汉语教学的跨文化传播》这篇论文的选题来得切实明确，容易把握。当时有老师提出反对将"二十四孝"作为研究对象，并强调若是自己的研究生，肯定不会允许做这样的选题，其原因是"二十四孝"的故事里包含了太多的封建糟粕，比如怎能想象把自己大腿肉割下来给饥饿的母亲吃……

这里涉及如何界定精华和糟粕，如何评价正确与错误，如何还原到具体历史语境下观照文化现象，又如何去思考、解读，并传递中华传统文化知识和文化现象的能力与责任。

5.2　培养化腐朽为神奇的阐释能力

就拿是否可以将"二十四孝"作为研究对象这个案例来说，需要做个更正，上面那位老师所提及的类似"割肉救母"或者"割股啖君"的例子，并不源于二十四孝故事。中国古代还发生过"易子而食之，析骸而炊之"之类的悲惨事例，是极端饥饿情况下，人们为了生存下去的无奈之举。这种野蛮、非人道的历史"糟粕"，不独为中国所有，也无涉于传统的孝道。

孝是中国古代封建宗法制度得以绵延的精神支撑，是千百年来一直流淌在中国人文化肌体内的基因组成，它呈现了以父母为中心所派生出来的种种人伦关系乃至国家架构。百善孝为先。孝是自儒家便推崇的道德人伦，孔子多次谈及孝道，尤其著名的是《论语·阳货》中，当学生宰予反驳"三年之丧，期已久矣"，孔子批评道："予之不仁也！子生三年,然后免于父母之怀。夫三年之丧,天下之通丧也。予也有三年之爱于其父母乎?"儒家十三经里有《孝经》,其历史地位颇高,既有唐玄宗李隆基亲自注解,又被立为传播孝道的"教科书",其中的教诲,如"身体发肤,受之父母,不敢毁伤"等朗朗上口,耳熟能详。

由于古代百姓识字率低,直接诵读《孝经》之类很有难度,统治者需要忠孝的榜样力量来教化百姓,百姓也爱好喜闻乐见的孝子、孝女的故事。于是,《孝经》之后,正史以外,又诞生了许多版本的《孝子传》《孝子图》。其中,影响最大的当数《二十四孝》(全名《全相二十四孝诗选集》),后来的印本大都配有图画,故又称《二十四孝图》。由于故事性强,每则故事都配了诗,后又配以图画,因此,明清时期的民间,二十四孝的书非常普遍。按照西方传教士的话,在19世纪,要是一个家庭只拥有一本书的话,那就是《二十四孝》。(南恺时 2015)。中国的孝子故事有两千多年历史,《二十四孝》也已流传了六七百年,直至今日还被用作蒙童读物。

不可否认,《二十四孝》里包含了很多封建糟粕,有的甚至荒谬到极点。鲁迅在回忆性散文集《朝花夕拾》里,就明确表达过自己对"老莱娱亲"和"郭巨埋儿"两件事的厌恶。然而,《二十四孝》能够广泛流传,且传播并影响到近邻的东南亚各国,自然有其独到的价值。正如美国汉学家、《剑桥中国史》编撰者之一的南恺时(2015)所说,它们能让读者感动而且觉得很有意思,人们现在还可以从这些故事中学习很多东西,人们必须学习怎么读这些故事,得看故事的真意,不要看它的字义,不要逐字地去看故事,必须从比喻的角度来读。在西方传统里,没有什么比上帝更重要,按照儒家的传统,也没有什么比父系家族更重要。

教授学生文化知识固然重要,让学生在掌握知识的同时,也能够去运用和阐释,甚至能够"化腐朽为神奇",教师也就达到了既授人以鱼也授人以渔的目的了。所以,今天人们尽管还在读关于孝道的故事、诗句,但不会真的守孝三年,不会真的不理发剃须,不会真的牢守在父母身边不远游。

5.3 擅于发挥导师自身研究专长

作为文学专业的汉语国际教育硕士专业导师,虽然不能在汉语本体研究选题方面予以具体的专业性指导,但导师同样可以积极发挥自身的文学研究专长,拓展汉语二语的指导与教学。2013年8月19日全国宣传思想工作会议上,习近平总书记发表了"讲好中国故事,传播好中国声音"的重要讲话,各行各业也在积极践行这一理论主张。国际中文教育领域同样在思考这一时代性命题,2021年12月,教育部中外语言交流合作中心、世界汉语教学学会和中文联盟主办,新航道中国故事研究院承办的研讨会,更是将"讲好中国故事"作为中心议题,我们也可以看作是学界的前沿性课题。

国际中文教育领域的"讲好中国故事",其本质就是中华文化的输出与传播问题,只是这里的输出,要包装上"故事"的壳。怎么讲故事,怎么讲好故事,怎么通过故事塑造和展现中国国家形象,是文学专业尤其是现当代文学专业出身导师的拿手好戏。故事作为国际中文学习材料,主要依托小说。一个好的故事不见得都出现在小说中,但一个好的小说,必定包含着好的故事。中国现当代作家尤其是著名作家,几乎没有不为小说创作中的故事性所动容的,他们深知故事里那些极其动人的情节,是最能吸引并打动人的。施蛰存(1937)认为,无论把小说的效能说得如何天花乱坠,读者对于一篇小说的要求始终只是一个故事。孙犁(1982)也曾提到,老百姓都知道小说故事能陶冶性情,砥砺志向,辨别善恶,改造社会的人情风俗,故事是中国小说的一个可珍贵的传统。才女张爱玲(1944)更是认为写小说应当是个故事,让故事自身去说明。正是故事和其中所蕴含的启示,才使作品成为永生。优秀的作家,都会讲故事,诺贝尔文学奖获得者莫言在瑞典学院的演讲标题,就是"讲故事的人"。

鉴于此,导师可以指导研究生立足于优秀的文学文本,鼓励学生对诸如老舍《骆驼祥子》中的语言文化现象进行全方位考察,教会学生如何系统地了解老北京的社会文化和习俗文化,并在将来讲给留学生听(李泉 1999);导师还可以指导研究生尽可能地去发掘并汇编汇释更多、更新、更有趣味的,能够反映出当下中国现实状貌的故事读本。因为这些故事读本里曲折的情节、精彩的语言,是吸引留学生,并使其保持学习兴趣的法宝;是描绘中国形象、传递中国声音、阐释中国精神、展现中国风貌的文化符号;也是国际中文教育高级阶段,从"人造汉语"过渡到"原貌汉语"学习(马树德 2021),最为完美恰当的语言学习材料和文化教学资源。

六　小结

汉语国际教育硕士文化类学位论文选题有其必要性和可行性,但现状不能令人满意,原因是多方面的。其中,一些指导教师的专业认知和畏难情绪是一个重要原因,想要改变文化类学位论文选题逼仄尴尬的状况,导师的价值立场及主观能动性尤为重要。另外,文化类选题无须规避相关的传统文化现象,尤其不该对传统文化的消极面讳莫如深,兼容并包、海纳百川本来就应该是文化自信的题中之义。与此同时,文化类选题包括但不限于传统文化,中国当代社会文化现象、当代主流的价值观、当代中国人对国家的认同感和归属感等,都是可以考虑和探索的课题,而相关的故事文本,尤其是优秀的书写当下中国的文学作品,也值得纳入文化类选题的考察和研究视野。

注 释

① 这两篇硕士学位论文是:《MTCSOL文化教学类学位论文的调查分析》(曹亚琴 2017)、《汉硕文化类学位论文选题研究》(李迎月 2020)。

参考文献

曹亚琴(2017)《MTCSOL文化教学类学位论文的调查分析》,哈尔滨师范大学硕士学位论文。
黄　伟、李珺婷(2019)汉语国际教育专业硕士学位论文的文献计量分析,《汉语应用语言学研究》第 8 辑。
李　丽(2022)汉语国际教育专业硕士文化类学位论文选题与写作:困境与出路,《天津师范大学学报》(社会科学版)第 2 期。
李　泉(1999)《骆驼祥子》中所见的语言文化现象,《中国语言学报》第九期。
李　泉(2009)汉语国际教育硕士培养目标与教学理念探讨,《语言文字应用》第 3 期。
李　泉(2010)汉语国际教育硕士培养原则与实施重点探讨,《华文教学与研究》第 3 期。
李晓琪、黄　立、刘元满、刘晓雨(2002)《英语 日语 汉语第二语言教学学科研究》,中国大百科全书出版社。
李迎月(2020)《汉硕文化类学位论文选题研究》,江西师范大学硕士学位论文。
刘楚群、冷凌飞(2019)汉语国际教育专业硕士学位论文选题调查研究,《汉语应用语言学研究》第 8 辑。
刘　弘、杨　喆(2013)汉语国际教育学术型硕士与专业型硕士学位论文选题之比较研究,《海外华文教育》第 3 期。
刘　弘、沈心悦(2019)台湾地区华语文教学硕士研究生学位论文选题考察,《海外华文教育》第 5 期。
马树德(2021)高级汉语综合课教材编写及使用中的文化因素——以《现代汉语高级教程》(修订本)为例,《语言教育》第 3 期。
南恺时(2015)中国传统孝子故事的价值分析,《铜仁学院学报》第 6 期。
亓海峰(2015)汉语国际教育专业硕士学位论文选题和研究方法调查分析,《云南师范大学学报》(对外汉语教学与研究版)第 1 期。
施蛰存(1937)小说中的对话,《宇宙风》第三十九期。
孙　犁(1982)说书,《孙犁文集》(四)(孙犁著),198-206 页,百花文艺出版社。
张爱玲(1944)自己的文章,《苦竹》第二期。
周国鹃(2014)从学位论文看汉语国际教育专业硕士的培养——以 J 省 S 大学为例,《黑龙江教育》(高教研究与评估)第 4 期。
周　红(2019)从学位论文选题看汉语国际教育专业硕士人才培养,《国际汉语教育》(中英文)第 2 期。

作者简介

李丽,北京大学对外汉语教育学院副教授,研究方向为中外文化交流、中国现当代文学。Email:snl@pku.edu.cn。

汉语国际教育专业硕士学位论文选题及研究方法调查研究

——北京大学对外汉语教育学院近五年专业硕士学位论文选题分析

郭素琴　韩佳蓉　宫　雪

北京大学对外汉语教育学院

提　要　本文以《国际汉语教师标准》(中英对照)为分类依据，以北京大学对外汉语教育学院2017—2021年汉语国际教育硕士学位论文为研究对象，对其论题方向和研究方法进行了一级、二级、三级分类，并对其五年内的变化趋势进行了细化分析。从选题分布的角度来看，汉语教学基础类的选题占比接近半数，教学组织与课堂管理类约占四分之一，汉语教学方法、职业道德与专业发展、中华文化与跨文化交际方面的成果明显不足。从研究方法的角度来看，绝大部分学位论文都采用了实证研究法，其中量化研究超半数。此外，三分之一的论文采取了量化与质性相结合的混合研究方法。基于当前形势，汉语国际教育专业硕士学位论文的选题领域和研究方法有待进一步调整和深入。

关键词　汉语国际教育硕士　学位论文　选题　研究方法　历时趋向

一　引言

国际中文教育是对母语非汉语的外国人及海外华人、华侨的汉语教育。自2007年国务院学位办设立汉语国际教育硕士专业学位以来，已有近200所高等院校招收汉语国际教育专业硕士(以下简称"汉教硕")，培养了数千名公派汉语教师和汉语教师志愿者，为向世界推广汉语、传播中华民族的优秀文化作出重要贡献。随着"汉语热"的持续升温，汉教硕的培养也备受关注(赵金铭主编2019)。

近几年来，学界对汉教硕学位论文的选题类型和研究方法已经进行了一些梳理。如刘弘、杨喆(2013)通过对比对外汉语教学硕士和汉教硕学位论文的选题差异,将200篇汉教硕学位论文的选题分成语言本体、文化、习得、教学法、教师、计算机辅助教学、测试、机构与课程、教材、对比研究十个主要类别;肖奚强、颜明(2013)以南京师范大学2011届汉教硕47篇学位论文为例,将选题分为要素教学、习得、教材编写、汉语本体、教学法、国别综合、汉外对比、教学对象、文化教学、大纲编制十类;张嘉园(2013)以华东师范大学2003—2011年的199篇学位论文为研究对象,将其研究方法分为非实证研究、量化研究、质化研究和混合研究四类;亓海峰(2015)以2011届多所高校共96篇汉教硕学位论文为样本,从选题上分出汉语作为第二语言教学、习得、本体、教师、文化与交际五个基本模块,从研究方法上分出实证和非实证两大主要类型;周红(2019)对知网2015—2016年汉教硕学位论文的选题领域展开讨论,将选题内容分为汉语教学基础、汉语教学方法、教学组织与课堂管理、中华文化与跨文化交际、职业道德与专业发展五个基本类型;马燕华(2020)对北京师范大学汉语文化学院2009—2018届汉教硕学位论文进行了统计分析,将选题分为课堂教学、教材研究、教师素养、习得偏误、文化、汉硕培养、本体研究、孔院课堂、HSK九类。

综上所述,学界对汉教硕学位论文的选题和研究方法已有不少探索,但有些划分过于笼统,有些又略显繁杂;有些样本总量有待增补;有些考察过于久远,无法呈现汉教硕学位论文的现时状况。此外,上述选题类型的划分存在差异,其根本问题在于分类标准的不一致。我们认为,学位论文撰写作为专业培养的重要一环,合格的学位论文应当体现出该专业的培养目标,突出该专业的学科定位,同时,对论文的调查与分析也应以此为基础。

根据2007年的《汉语国际教育硕士专业学位设置方案》(以下简称《设置方案》),汉语国际教育硕士专业学位旨在培养适应汉语国际推广工作、胜任多种汉语教学任务的高层次、应用型、复合型专业教学人才,强调了对外汉语教学人才的专门化和职业化。2012年的《全日制汉语国际教育硕士专业学位研究生指导性培养方案》(以下简称《培养方案》)提出,汉语国际教育硕士专业学位是与国际汉语教师职业相衔接的专业学位,再次明确了该专业的职业导向,即以培养国际汉语教师为目标。2015年的《国际汉语教师标准》(中英对照)(以下简称《标准》)对从事国际汉语教学工作的教师所应具备的知识、能力和素质进行了较为全面的描述,为汉语国际教育硕士专业的培养目标作了进一步系统的解读。

基于《设置方案》的培养目标、《培养方案》的学科定位及《标准》的细化解读,结合学界现有研究(刘弘、杨喆2013;肖奚强、颜明2013;张嘉园2013;亓海峰2015;周红2019;马燕华2020等),本文以北京大学对外汉语教育学院2017—2021年的213篇汉教硕学位论文为例,对论文中的选题和研究方法的类型特征进行了梳理和分析。

二 选题概况与变化趋向

选题概况分析能够凸显选题集中领域和选题空白领域，选题变化趋向考察能够发现选题的变化趋势。下文将从以上两个方面对北京大学对外汉语教育学院五年内汉教硕学位论文选题进行分析。

2.1 选题整体分布情况

本文对213篇学位论文的选题情况进行了统计，结果如表1所示：

表1 论文选题整体分布

序号	研究领域		数量		占比
1	汉语教学基础	二语习得理论与教学	66	94	44.13%
		语言学知识与语言分析能力	28		
2	教学组织与课堂管理	教材与其他教学资源	49	53	24.88%
		课堂管理与活动	1		
		教学环境	1		
		课外活动	1		
		测试与评估	1		
3	汉语教学方法	教学基本原则与方法	9	27	12.68%
		语言要素教学	12		
		课程设计	6		
4	职业道德与专业发展	教师成长	12	24	11.27%
		教师素养与专业性	9		
		教师培训	3		
5	国际汉语教育史	国际汉语教育史	9	9	4.23%
6	中华文化与跨文化交际	文化传播类	4	6	2.82%
		跨文化交际类	2		

整体来看，论文选题集中在个别研究领域，如汉语教学基础类选题有94篇，所占比例为44.13%，整体占额接近半数。该选题包括二语习得理论与教学、语言学知识与语言分析能力两个二级次类。其中，二语习得理论与教学（66篇，30.99%）显著多于语言学知识与语言分析能力（28篇，13.15%），并在2017—2021年间稳中有增。教学组织与课堂管理类选题居第二，有53篇，其中主要集中于教材与其他教学资源类（49篇），课堂管理

与活动、教学环境、课外活动、测试与评估各有 1 篇。汉语教学方法类选题有 27 篇,其中最多的是语言要素教学,教学基本原则与方法和课程设计次之。选题中有 9 篇国际汉语教育史,研究内容均为 1949 年以前的汉语教学历史。文化传播和跨文化交际类选题共 6 篇,在所有选题中数量最少。

综上,论文选题在各研究领域中的分布按照所占比例依次为:

汉语教学基础＞教学组织与课堂管理＞汉语教学方法＞职业道德与专业发展＞国际汉语教育史＞中华文化与跨文化交际。

2.2 选题分布细则

为进一步考察选题细节,我们对以上分类再次进行细分,并对结果进行了统计,结果见表 2:

表 2 论文选题分布细则

		选题	数量	占比
汉语教学基础	二语习得理论与教学	语法习得	19	8.92%
		学习者因素	14	6.57%
		词汇习得	8	3.76%
		偏误分析	8	3.76%
		语音习得	7	3.29%
		学习策略	4	1.88%
		语篇习得	4	1.88%
		其他	2	0.94%
	语言学知识与语言分析能力	语法	17	7.98%
		词汇	7	3.29%
		体裁	2	0.94%
		语音	2	0.94%
教学组织与课堂管理	教材与其他教学资源	资源评价	33	15.49%
		资源研发	16	7.51%
	测试与评估	其他地区汉语水平考试	1	0.47%
	教学环境	教育政策	1	0.47%
	课堂管理与活动	师生互动	1	0.47%
	课外活动		1	0.47%

续表

选题			数量	占比
汉语教学方法	语言要素教学	语法	6	2.82%
		词汇	3	1.41%
		汉字	2	0.94%
		语篇	1	0.47%
	教学基本原则与方法	教学法	5	2.35%
		教学技巧	4	1.88%
	课程设计	基于内容的分类（如语言类、文化类）	3	1.41%
		基于学习者水平的分类（如初级、中级、高级）	2	0.94%
		基于学习者类型的分类（如成人、幼儿等）	1	0.47%
职业道德与专业发展	教师成长		12	5.63%
	教师素养与专业性		9	4.23%
	教师培训		3	1.41%
国际汉语教育史			9	4.23%
中华文化与跨文化交际	文化传播类		4	1.88%
	跨文化交际类		2	0.94%

"汉语教学基础"类选题中二语习得理论与教学类选题可进一步分为五类。

第一类是语言要素习得(38篇,17.84%),包括语法习得(19篇,8.92%),如《日韩汉语学习者无标记受事主语句加工的眼动研究》《英语母语者汉语"被"字句习得研究》等;词汇习得(8篇,3.76%),如《汉语母语者与二语者基于词汇联想的概念语义研究》《韩国学生14个汉语常用性质形容词的习得研究》等;语音习得(7篇,3.29%),如《马来西亚华裔中学生的普通话轻声习得研究》《普通话前后鼻韵母的习得研究》等;语篇习得(4篇,1.88%),如《欧美学习者汉语书面语体习得研究》。

第二类是学习者因素(14篇,6.57%),学习者的学习动机、焦虑、学习风格研究,如《英国文法学校中学生汉语学习信念调查研究——以卡尔戴·格兰奇文法学校为例》《高级汉语水平韩国留学生学习动机变化研究》等。

第三类是偏误分析(8篇,3.76%),如《高水平汉语学习者口语语篇连接成分偏误分析——以事件顺序为例》《基于语流的欧美学生汉语声调偏误实验研究》等。

第四类是学习策略研究(4篇,1.88%),如《英国中学生语音学习策略研究——以伦敦兰贝斯中学为例》。

第五类是其他,包含2篇,无法将其归入以上类别,如对某一习得研究专题的元分析,题目为《阅读障碍者母语语言加工缺陷对二语学习影响的元分析研究》。

语言学知识与语言分析能力类选题较为多样,涉及语法(17篇,7.98%)、词汇(7篇,3.29%)、语音(2篇,0.94%)、体裁(2篇,0.94%),但分布较为不均,对语法研究的关注比其他语言要素要多。语法研究,如《独立成分"这样"及其与语气词"啊""吧""呢"的组配》《"基于"的句法、语义研究——基于语料库数据的分析》等。词汇研究,如《"刚好""恰好""正好"对比研究》《汉韩"香""臭"类嗅觉形容词对比研究》。语音研究,如《不同韵律条件下双音节词重音分布研究》。体裁研究,如《专家和学生汉语学术论文引言语步分析》。

教学组织与课堂管理类选题多集中于教材与其他教学资源类研究。资源评价33篇,占比为15.49%,如《中国概况教材知识点及呈现方式研究》《对外汉语高级读写教材练习研究》等。资源研发16篇,占比为7.51%,如《面向泰国销售人员的汉语教材设计与编写——以免税店为例》《基于"产出导向法"的汉语教材改编——以〈体验汉语·基础教程〉为例》等。其他教学类资源的研究,如《需求分析理论下的酒店汉语APP内容设计研究——以泰国为例》《基于汉语学习者体验的慕课平台分析》《基于GCSE考试大纲的汉语集合式词汇教学视频资源设计》等。测试与评估、教学环境、课堂管理与活动、课外活动各有1篇,分别为:《英国新GCSE汉语考试理念与试题研究》《新加坡华文教学"二语化"趋势研究》《对外汉语课堂中的师生共建序列研究》《中外学生语伴学习情况调查研究》。

汉语教学方法类选题主要分布在语言要素教学(12篇,5.63%)、教学基本原则与方法(9篇,4.23%)和课程设计(6篇,2.82%)三方面。

语言要素教学类选题中,语法教学6篇,占比为2.82%,如《对外古代汉语常见虚词微课设计——以"之"为设计个案》《汉语口语告别会话序列研究及教学建议》等。词汇教学3篇,占比为1.41%,如《"再""又"的主观性差异及其教学》。汉字教学2篇,占比为0.94%,如《针对日本初中级学习者的汉字书写教学研究》。语篇教学1篇,占比为0.47%,题目为《对泰中国古典诗歌教学研究》。

教学基本原则与方法类选题中,教学法类选题为5篇,占比为2.35%,如《显、隐性汉语语法教学法结合顺序实验研究》。教学技巧选题数量为4篇,占比为1.88%,如《对外汉语课堂教学中生词重现情况考察分析》。

职业道德与专业发展类选题可分为三类:教师成长(12篇,5.63%),如《对外汉语兼职教师教学效能感现状及影响因素探究——以北京三所高校为例》《新手汉语教师教学信念发展研究——以 PiB 暑期汉语项目为例》等;教师素养与专业性(9 篇,4.23%),如《海外汉语教师志愿者专业实践能力调查研究》《赴泰汉语教师跨文化适应研究——以 2019—2020 年赴泰汉语教师为例》等;教师培训(3 篇,1.41%),如《针对西班牙本土汉语师资培养课程的研究——以格拉纳达大学汉语教育专业为例》。

国际汉语教育史类选题无法归入以上分类中,因此单列一类,共有 9 篇,占比为 4.23%,如《晚清来华英国学生译员汉语学习研究》《〈泰晤士报〉清朝中晚期汉语学习研究(1785—1911)》等。

中华文化与跨文化交际类选题具体包括两类:文化传播类(4 篇,1.88%),如《英国青少年汉语学习者中国形象认知研究——以考文垂地区四所公立中学为例》;跨文化交际类(2 篇,0.94%),如《来华语言进修生跨文化交际自我效能感相关因素考察》。

2.3 选题变化趋向

为观察近五年来我校汉语国际教育硕士论文选题的变化情况,我们对每类选题在各个年份的占比进行了统计,结果见表 3:

表 3　选题变化情况

选题类别	2017	2018	2019	2020	2021
汉语教学方法	27.66%	7.89%	13.96%	7.14%	3.45%
汉语教学基础	36.17%	50.00%	39.53%	39.29%	65.52%
教学组织与课堂管理	23.40%	26.32%	27.91%	25.00%	20.69%
国际汉语教育史	0.00%	2.63%	4.65%	10.71%	0.00%
职业道德与专业发展	12.77%	10.53%	9.30%	12.50%	10.34%
中华文化与跨文化交际	0.00%	2.63%	4.65%	5.36%	0.00%

由表 3 可知,汉语教学基础类和汉语教学方法类选题变化较大。汉语教学基础类选题 2017—2020 年变化趋稳,2021 年快速上涨。汉语教学方法类选题数量总体呈下降趋势。其余 4 类选题 5 年内变化较小。

为进一步观察选题的变化情况,我们对表 3 中的一级分类再次进行二级分类,并对二级分类进行了统计,结果如表 4 所示:

表 4　选题二级分类历时变化趋向

选题		2017	2018	2019	2020	2021
汉语教学方法	教学基本原则与方法	6.38%	2.63%	4.65%	3.57%	3.45%
	课程设计	6.38%	0.00%	4.65%	1.79%	0.00%
	语言要素教学	14.89%	5.26%	4.65%	1.79%	0.00%
汉语教学基础	二语习得理论与教学	27.66%	31.58%	30.23%	30.36%	37.93%
	语言学知识与语言分析能力	8.51%	18.42%	9.30%	8.93%	27.59%
教学组织与课堂管理	测试与评估	0.00%	0.00%	0.00%	1.79%	0.00%
	教学环境	2.13%	0.00%	0.00%	0.00%	0.00%
	教材与其他教学资源	19.15%	26.32%	27.91%	21.43%	20.69%
	课堂管理与活动	0.00%	0.00%	0.00%	1.79%	0.00%
	课外活动	2.13%	0.00%	0.00%	0.00%	0.00%
国际汉语教育史		0.00%	2.63%	4.65%	10.71%	0.00%
职业道德与专业发展	教师成长	6.38%	7.89%	4.65%	5.36%	3.45%
	教师培训	0.00%	2.63%	0.00%	1.79%	3.45%
	教师素养与专业性	6.38%	0.00%	4.65%	5.36%	3.45%
中华文化与跨文化交际	跨文化交际类	0.00%	0.00%	2.33%	1.79%	0.00%
	文化传播类	0.00%	2.63%	2.33%	3.57%	0.00%

为使选题变化趋向直观化，我们进一步绘制了变化较为明显的二级选题的折线图，如图 1—图 3 所示：

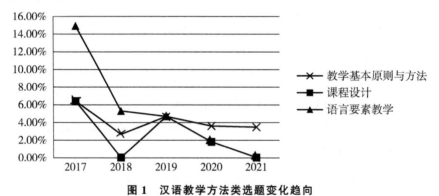

图 1　汉语教学方法类选题变化趋向

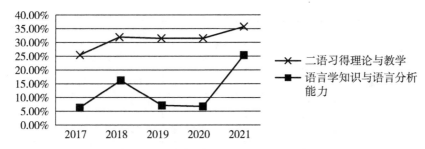

图 2　汉语教学基础类选题变化趋向

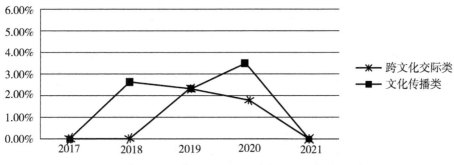

图 3　中华文化与跨文化交际类选题变化趋向

据图 1—图 3 可知,汉语教学方法类选题数量整体下降,其中的语言要素教学类选题数量下降最为明显。汉语教学基础类选题中,二语习得理论与教学和语言学知识与语言分析能力两类选题数量均在上升,语言学知识与语言分析能力类选题数量的上升趋势更为明显。中华文化与跨文化交际类选题中,跨文化交际类和文化传播类选题数量趋势均先升后降,文化传播类的变化较大。

基于二级分类,我们再次进行三级分类,并对三级分类的结果做了统计,如表 5 所示:

表 5　选题三级分类变化趋向

选题			2017	2018	2019	2020	2021
汉语教学方法	教学基本原则与方法	教学法	2.13%	2.63%	0.00%	3.57%	3.45%
		教学技巧	4.26%	0.00%	4.65%	0.00%	0.00%
汉语教学方法	课程设计	基于学习者类型的分类（如成人、幼儿等）	2.13%	0.00%	0.00%	0.00%	0.00%
		基于学习者水平的分类（如初级、中级、高级）	2.13%	0.00%	0.00%	1.79%	0.00%
		基于内容的分类（如语言类、文化类）	2.13%	0.00%	4.65%	0.00%	0.00%

续表

选题			2017	2018	2019	2020	2021
汉语教学基础	语言要素教学	词汇	6.38%	0.00%	0.00%	0.00%	0.00%
		汉字	2.13%	0.00%	2.33%	0.00%	0.00%
		语法	6.38%	2.63%	2.33%	1.79%	0.00%
		语篇	0.00%	2.63%	0.00%	0.00%	0.00%
	二语习得理论与教学	语法习得	8.51%	13.16%	9.30%	7.14%	6.90%
		学习者因素	10.64%	2.63%	4.65%	8.93%	3.45%
		词汇习得	0.00%	0.00%	2.33%	7.14%	10.34%
		偏误分析	4.26%	2.63%	9.30%	0.00%	3.45%
		语音习得	2.13%	7.89%	0.00%	1.79%	6.90%
		学习策略	2.13%	0.00%	4.65%	0.00%	3.45%
		语篇	0.00%	2.63%	0.00%	3.57%	3.45%
		其他	0.00%	2.63%	0.00%	1.79%	0.00%
	语言学知识与语言分析能力	词汇	4.26%	0.00%	0.00%	3.57%	10.34%
		语法	4.26%	18.42%	4.65%	3.57%	13.79%
		体裁	0.00%	0.00%	2.33%	0.00%	3.45%
		语音	0.00%	0.00%	2.33%	1.79%	0.00%
教学组织与课堂管理	测试与评估	其他地区汉语水平考试	0.00%	0.00%	0.00%	1.79%	0.00%
	教学环境	教育政策	2.13%	0.00%	0.00%	0.00%	0.00%
	教材与其他教学资源	资源研发	0.00%	7.89%	16.28%	10.71%	0.00%
		资源评价	19.15%	18.42%	11.63%	10.71%	20.69%
	课堂管理与活动	师生互动	0.00%	0.00%	0.00%	1.79%	0.00%
	课外活动		2.13%	0.00%	0.00%	0.00%	0.00%
国际汉语教育史			0.00%	2.63%	4.65%	10.71%	0.00%
职业道德与专业发展	教师成长		6.38%	7.89%	4.65%	5.36%	3.45%
	教师培训		0.00%	2.63%	0.00%	1.79%	3.45%
	教师素养与专业性		6.38%	0.00%	4.65%	5.36%	3.45%

续表

选题		2017	2018	2019	2020	2021
中华文化与跨文化交际	跨文化交际类	0.00%	0.00%	2.33%	1.79%	0.00%
	文化传播类	0.00%	2.63%	2.33%	3.57%	0.00%

基于表5，我们发现汉语教学方法－语言要素教学、汉语教学基础－二语习得理论与教学两类的变化较为明显，并将其进一步可视化为图4、图5：

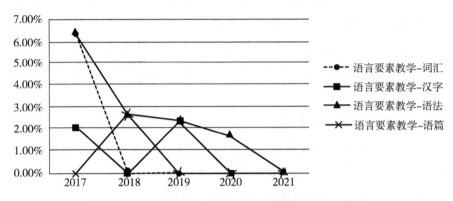

图 4 汉语教学方法－语言要素教学类选题变化趋向

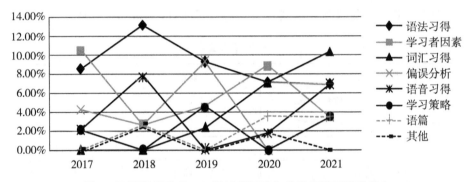

图 5 汉语教学基础－二语习得理论与教学类选题变化趋向

据图4、图5可知，汉语教学方法－语言要素教学类选题中，词汇、汉字、语法、语篇教学均呈下降趋势；汉语教学基础－二语习得理论与教学类选题中，词汇习得研究的数量呈上升趋势，偏误分析研究下降明显。

三 研究方法概况与变化趋向

论文研究方法的运用体现了作者对研究问题的分析、判断和解决能力，也是衡量论文质量的标准之一,本节主要考察学位论文研究方法的分布情况。在科学研究方法中,存在量化研究和质性研究两种基本的实证研究类型。其中,量化研究是一种对事物可量化部分进行测量、计算和分析,以检验研究者关于该事物的某些理论假设的研究方法,如实验测试法、语料统计法、问卷调查法等;质性研究是通过研究者与被研究者之间的互动对事物进行深入、细致和长期的体验,以获得对事物"质"的解释性理解的研究方法,如观察法、访谈法、文献法等(陈向明 2000)。

从汉教硕学位论文中实际运用的研究方法看,有的学生以大量的数据分析或系统性文字材料做支撑,通过量化研究方法进行验证、分析;有的以文字性分析描述为基础,通过质性研究方法进行解释、探讨;有的既用到量化研究,也用到质性研究,采用量化与质性相结合的混合研究方法;还有一些学生没有采用实证性的研究方法,不以系统材料为基础,仅结合现有文献进行内省式分析,即非实证研究,如以介绍、描述为主的教学设计(张嘉园 2013;亓海峰 2015)。

本文根据科学研究方法的基本分类标准,在已往研究的基础上,将汉教硕学位论文研究方法的划分方式确定为实证研究和非实证研究两大类。实证研究包括量化研究、质性研究和混合研究;非实证研究包括教学设计。量化研究包括测试实验法、语料统计法、问卷调查法等,质性研究包括观察法、访谈法、文献法等。

3.1 研究方法整体分布

本文对 213 篇学位论文选用的研究方法进行了统计,结果如表 6 所示:

表 6 研究方法整体分布

研究方法		数量	占比
实证研究	量化研究	110	51.64%
	混合研究	65	30.52%
	质性研究	25	11.74%
非实证研究		13	6.10%

整体上看,绝大部分学位论文都采用了实证的研究方法,占总量的 93.90%。其中,量化研究的论文最多,共 110 篇,占全部论文总量的一半以上,例如,《马来西亚华裔中学生的普通话轻声习得研究》一文采用感知实验法和问卷调查法,对马来西亚华裔中学生识别、感知轻声的能力情况和常见的轻声偏误进行了两种量化分析;《连词"从而"的句法、语义、语用研究》则通过语料库统计,对连词"从而"的语义特点、连接成分、典型语境进行了量化考证。

量化与质性研究相结合的混合研究型论文的数量次之,共 65 篇,占 30.52%,例如,

《对外汉语中级综合课教材语言点处理考察——从语言点解释"叙事化"表达的角度》一文不但采用量化研究方法对汉语学习者进行了问卷调查,而且采用了质性研究方法,对专家型教师进行了访谈;《NHK〈看电视学中文〉节目研究》一文,作者先是从中国和日本的多个权威网站中获取相关数据资源,通过文献法对数据资源进行质性描写与梳理,随后运用观察法对该节目的教学效果进行质性分析,最后通过问卷调查的方式对师生的反馈进行量化统计。

质性研究的论文相对较少,仅有 25 篇,占 11.74%。例如,在《对外汉语课堂教学中生词重现情况考察分析》一文中,作者在课上通过课堂观察法对生词重现情况进行质性分析,课下对授课教师进行了访谈;在《从 BBC 新闻看当代英国汉语教学发展概况》一文中,作者采用了文献法,对 BBC 新闻中与汉语教学有关的全部新闻展开质性研究。

仅有 13 篇论文采用了非实证的研究法。根据我们的考察,非实证论文全部为教学设计类[1],例如,《基于 GCSE 考试大纲的汉语集合式词汇教学视频资源设计》一文采用非实证研究法,意在向读者介绍一套辅助 GCSE 词汇教学的自编视频资源,该文主要讲述了编制该视频资源的前期准备、素材积累和后期制作等过程;在《非汉字圈国家儿童汉字教材研究与设计》中,作者设计、编写了针对非汉字圈国家儿童的汉字教材《大卫学汉字》,并在该文中对这一新编教材的编写理念、知识点的编排与选取、具体内容等进行了详细介绍。

由此可见,论文研究方法的整体分布按照所占比例依次为:实证研究(量化研究>混合研究>质性研究)>非实证研究。与选题分布特征相似的是,硕士论文研究方法的选取也呈现出分布不均的特征,大部分论文都集中在量化研究方法上,质性和非实证性研究方法的运用有待加强。

3.2 研究方法分布细则

学生在撰写学位论文时不但可以采用量化与质性相结合的混合研究方法,而且可以采用多个量化或多个质性的研究方法。调查发现,在 213 篇学位论文中,有 136 篇采用了某一个研究方法,约占论文总量的 63.85%;采用多个研究方法的论文共 77 篇,约占 36.15%。基于对量化和质性研究方法内部复杂性和多样性的考虑,我们将研究方法的基本类型进一步细化,对量化和质性研究的二级分类进行了梳理、统计。其中,质性研究具体方法包括访谈法、观察法、文献法三类,量化研究的具体方法包括问卷调查法、语料统计法、实验测试法三类,各具体研究方法次类分布情况如表 7 所示。

表 7 研究方法二级分类分布

研究方法		数量	占比
量化研究	问卷调查法	80	37.56%
	语料统计法	78	36.62%
	实验测试法	39	18.31%
质性研究	访谈法	59	27.70%
	文献法	19	8.92%
	观察法	9	4.23%

整体上看,量化研究各个次类的应用率高于大部分的质性研究次类,这也与我们在3.1节中得出的"研究方法整体分布"情况相契合。

具体来看,量化研究中的问卷调查法(80篇,37.56%)和语料统计法(78篇,36.62%)使用率最高,例如,《非汉语国际教育专业在职外派教师教学焦虑调查研究》和《英语母语者汉语双数量结构习得研究》均采用了问卷调查法,前者在总结了国内外代表性教学量表的基础上制成了适用于国际中文教师的调查问卷,用于调查非汉语国际教育专业在职外派教师群体的教学焦虑情况;后者通过问卷调查的方式,分别研究了中级水平和高级水平的汉语学习者对6类双数量结构动词省略以及"物—物"类和"时—动"类双数量结构数量短语易位等内容的掌握情况。《韩国学生14个汉语常用性质形容词的习得研究》和《"基于"的句法、语义研究——基于语料库数据的分析》则主要采用了语料统计法,前者以北京大学对外汉语教育学院杨德峰老师和姚骏老师整理、建立的韩国学生书面语语料库为来源,调查了不同水平的韩国汉语学习者对目标词各义项的理解和产出情况;后者通过北京大学CCL语料库中的1000条"基于"的语料展开句法、语义及常见结构等特征分析。

质性研究中的访谈法(59篇,27.70%)和量化研究中的实验测试法(39篇,18.31%)总体占比相对较少,例如《汉语国际教育硕士课程设置研究——以国内七所高校为例》采用了访谈法,对15位汉语国际教育在读硕士进行深度访谈,整理、提炼12万字左右的原始访谈记录,以期挖掘学生视角下汉教硕课程设置的现状、存在的问题等;《日韩汉语学习者无标记受事主语句加工的眼动研究》基于眼动记录的实验测试,分析汉语母语者、汉语学习者对无标记受事主语句在线认知的加工机制。

采用质性研究中文献法的论文(19篇,8.92%)相对较少。在实际考察中,我们发现部分学生将文献法和文献综述混淆,他们只要进行了文献综述便声称采用了文献法,这是对文献法的常见误解。事实上,文献法不同于文献综述,文献法是一种常见的社会科学研究方法,即通过收集和分析现存的和以文字、数字、符号、画面等信息形式出现的原始文献资料,来探讨和分析各种社会群体、社会组织、社会文化等问题,文献即研究问题的一部分。相比之下,硕博论文中的文献综述不属于研究方法,而是一种研究背景,通过收集和整理相关研究文献来介绍当前某一问题的研究现状,以此引出研究问题。(风笑天 2005;姚计海 2017;肖军 2018)本文在筛查过程中基于全文信息,严格区分文献法和文献综述,采用文献法的论文如《湛约翰汉语学习研究》,该文以相关史料为研究对象,主要通过湛约翰的日记、作品等原始文献,对湛约翰的汉语学习和研究情况展开深入分析。

采用质性研究中观察法的论文(9 篇,4.23%)极少。例如,《家庭语言政策与多语背景儿童语言能力关系研究》采用了观察法,对四组移民家庭成员之间的互动进行观察,深入分析家庭语言意识形成的原因并寻找各家庭的共性及特性。

3.3 研究方法变化趋向

上节从共时角度考察了学位论文研究方法的分布情况,本节从历时角度考察其变化特征。我们对每类研究方法在各年份的占比进行了统计,结果见表 8:

表 8 研究方法变化情况

研究方法		2017	2018	2019	2020	2021
实证研究	量化研究	53.19%	50.00%	44.19%	44.64%	75.86%
	混合研究	38.30%	34.21%	23.26%	35.71%	13.79%
	质性研究	4.26%	10.53%	16.28%	16.07%	10.35%
非实证研究		4.25%	5.26%	16.27%	3.58%	0.00%

根据表 8,在 2017—2021 年这五年内,无论是实证研究还是非实证研究的使用率,都存在一定程度上的波动。其中,量化研究的使用率在前三年(2017—2019)呈下降趋势,但从 2020 年起开始上升,尤其在 2021 年增长显著;混合研究的使用率出现了多处波动,2019 年以前逐年下降,2019—2020 年有所增加,但在 2021 年显著下降。质性研究在 2019 年以前稳步上升,但 2020 年以后出现下降趋势,2021 年出现显著下降。非实证研究在 2017—2019 年逐步增加,但 2020 年显著减少。我们发现,各类研究方法在 2019 年或 2020 年都出现了明显的变化,或显著增加,或显著下降。

我们还对研究方法次类的变化情况进行了考察,结果如图 6、图 7 所示:

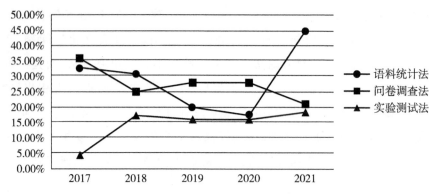

图6 量化研究方法次类变化趋向

根据图6,在量化研究方法次类中,语料统计法的变化情况最显著,2017—2020年平缓下降,但在2021年,选用语料统计法的学位论文量达到最高,约占同年论文总量的44.74%。问卷调查法在2017年的使用率最高,约占同年总量的35.82%,随后发展平缓,渐趋下降。实验测试法的选用率整体呈上升趋势,其中2017—2018年的增长量尤为显著,2018年以后渐趋平缓。

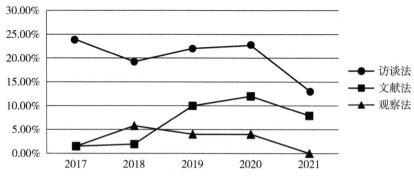

图7 质性研究方法次类变化趋向

据图7可知,在质性研究方法次类中,访谈法的使用率总体最高,2017—2020年内有所起伏,并在2021年显著下降;文献法虽略有波动,但总体上呈现出上升趋势,尤其在2018以后变化显著;观察法自2018年起持续下降,尤其是在2021年没有采用观察法的学位论文。

四 结论与启示

论文选题取向是师生普遍关心的问题,本文写作的初衷,是为准备撰写毕业论文但还没有确定范围的汉教硕提供借鉴和思路。在整理的过程中,我们发现该成果对初入学的学生同样有用,因为这可以帮助他们迅速关注到尚待发掘的研究领域和分支,早入手、早实践,围绕目标组织研究和活动。基于此,结合调查结果,本文提出以下几点结论和建议。

第一，《标准》中涉及的五个层面，论文题目都有涉及。视野的拓宽，显示了在师生的意识中，国际中文教育理论与实践的联系性加强了。

第二，论文选题的整体分布中，汉语教学基础类选题占比达44.13％，比教学组织与课堂管理、汉语教学方法、职业道德与专业发展、国际汉语教育史、中华文化与跨文化交际各类占比多出很多。这一方面说明汉教硕的语言教学基本功比较扎实，但另一方面也显示了选题重理论轻职业的倾向。

虽然选题是根据个人的专业背景、兴趣关注点、导师的研究方向和教学实践来确定的，但是汉教硕的培养目标决定了该专业有鲜明的职业导向和注重多维度综合能力的培养。因此，在除汉语教学基础以外的几方面，还应当加大研究力度。

第三，对中华文化与跨文化交际类选题的关注度低。在213篇论文中，文化传播类与跨文化交际类总共6篇，占2.82％。这与汉语国际教育专业一手抓语言教学能力、一手抓中华文化国际传播能力的要求不相匹配。在这一领域，教育部中外语言交流合作中心编写了《国际中文教育用中国文化和国情教学参考框架》，为有意在这个领域寻找选题的师生提供了选取标本。

第四，在论文写作的研究方法层面，从分布情况上看，学位论文多采用实证研究中的量化方法，其中采用语料统计法和问卷调查法的论文多于采用实验测试法的论文。与量化研究相比，质性研究方法的选用率相对较低。从历时变化情况看，各研究方法在2020—2021近两年间的变化与前三年相比有所变动，其中量化研究中的语料统计法显著上升，实验测试法略有上升，问卷调查法有所下降；质性研究中的访谈法、文献法和观察法均呈下降趋势。

第五，结合我校对外汉语教学的实际情况，我们认为上述选题及研究方法的分布特征、变化趋向一方面可能受指导教师建议、所选课程知识等相关因素的启发，另一方面也可能受到新冠疫情形势的影响。自2020年1月以来，新冠病毒肆虐，为确保学生的生命安全，我校响应国家号召，留学生汉语教学项目改为线上，原本更适用于线下的实证研究有所调整。相比需要寻找被试的访谈、观察、问卷调查和实验测试等方法，语料统计或文献分析的方法更为便捷，所以更受汉教硕的欢迎。现如今，新冠疫情已逐渐常态化，我们不能止步于仅采用语料统计这种单一的研究方法解决所有研究问题，开发多种线上研究方法既是当下研究形势的需要，也是提升研究能力的重要步骤。此外，还应加强对研究方法的概念、范式等基础知识的教学，避免再出现文献法和文献综述相混淆的情况。

总之，汉语国际教育硕士专业学位培养是一个系统工程，需要全面解决职业实践中现在遇到的乃至未来可能遇到的各种问题。因此，论文选题也应覆盖教学理论、实践的各个环节。客观上来说,在各个领域平均用力是不现实的,但是,力求能在原先涉及少的选题中扩大范围、加深力度,凸显汉语国际教育专业的国际特色和实践价值,是适应新时期国际中文教育发展的应势之需。

注　释

① 亓海峰(2015)分析汉语国际教育专业硕士学位论文时,统计出了9篇非实证研究,也是均为教学设计类论文,他指出该类论文侧重于对教学资源的制作、操作程序或具体内容进行介绍,基本是描述性的研究。

参考文献

陈向明(2000)《质的研究方法与社会科学研究》,教育科学出版社。

风笑天(2005)《简明社会学研究方法》,华文出版社。

国务院学位委员会(2007)汉语国际教育硕士专业学位设置方案,http://www.moe.gov.cn/srcsite/A22/moe_833/200703/t20070330_82703.html。(访问日期:2023年5月8日)

教育部学位管理与研究生教育司(2012)全日制汉语国际教育硕士专业学位研究生指导性培养方案,http://www.moe.gov.cn/srcsite/A22/moe_826/200712/t20071210_82702.html。(访问日期:2023年5月8日)

孔子学院总部/国家汉办(2015)《国际汉语教师标准》(中英对照),外语教学与研究出版社。

刘　弘、杨　喆(2013)汉语国际教育学术型硕士与专业型硕士学位论文选题之比较研究,《海外华文教育》第3期。

马燕华(2020)论汉语国际教育专业硕士学位论文选题特点与可拓展之空间——基于北京师范大学汉语文化学院十年专业硕士学位论文选题分析,《海外华文教育》第4期。

亓海峰(2015)汉语国际教育专业硕士学位论文选题和研究方法调查分析,《云南师范大学学报》(对外汉语教学与研究版)第1期。

肖　军(2018)教育研究中的文献法:争论、属性及价值,《当代教育理论与实践》第4期。

肖奚强、颜　明(2013)汉语国际教育专业硕士学位论文选题与质量分析,《汉语国际教育人才培养理论研究》(姜明宝主编),225-239页,北京语言大学出版社。

姚计海(2017)"文献法"是研究方法吗——兼谈研究整合法,《国家教育行政学院学报》第7期。

张嘉园(2013)对外汉语教学硕士学位论文研究方法运用情况的考察——以华东师范大学为例,第六届北京地区对外汉语教学研究生论坛论文集,134-144页,2013.5.11,北京大学。

赵金铭主编(2019)《对外汉语教学概论》(修订本),商务印书馆。

周　红(2019)从学位论文选题看汉语国际教育专业硕士人才培养,《国际汉语教育》(中英文)第2期。

作者简介

郭素琴,北京大学对外汉语教育学院图书管理员,研究方向为汉语国际教育、课堂教学。Email:suqing@pku.edu.cn。

韩佳蓉,北京大学对外汉语教育学院在读博士,研究方向为功能语言学、对外汉语教学等。Email:hjr@stu.pku.edu.cn。

官雪,北京大学对外汉语教育学院在读博士,研究方向为面向第二语言教学的汉语语体语法研究。Email:gongxue@stu.pku.edu.cn。

基于《国际中文教育中文水平等级标准》的立体化教学资源建设

刘立新

北京大学对外汉语教育学院

提　要　《国际中文教育中文水平等级标准》(下称《标准》)的颁行,为中文教学的发展指明了方向。《标准》提出的"三等九级"划分,符合汉语教学实际需要,为教学资源建设提供了具体明确的指标和参考依据。未来的立体化中文教学资源建设,应继承发扬我国汉语教材编写优良传统,充分利用《标准》提供的量化指标和话题任务内容,借助先进技术手段,对教学资源材料进行筛选和优化。在基于《标准》的立体化教材建设和辅助教学资源的开发中,应把握高语境文化汉语教学的特点,特别关注能够充分体现典型语境的优质真实语料,尽可能使学习者在情景语境和文化语境中"多重浸润",实现教学效果最大化,从而提高中文教学效率。

关键词　《标准》　教学资源　立体化　语境　真实语料

提高学习者的学习效率,始终是国际中文教育学科的重要课题。为此,学界前辈进行了几十年探索,也取得了丰硕成果,而《国际中文教育中文水平等级标准》(下称《标准》)的公布与实施,为当前国际中文教育学科的进一步发展提供了依据。特别是"三等九级"的划分,符合国际中文教育的实际,为进一步提高国际中文教育的整体效率提供了基础。教学资源建设是学科建设的重要组成部分,而《标准》是在信息技术高度发达、融媒体相互贯通、可视化教学、碎片化学习成为趋势的背景下颁行的,它将引领今后一段时间教学资源建设的方向,也会在提高教学效率方面发挥重要作用。在新的时代背景下,教材适用对象和呈现方式多元化,课堂内教学延伸到课堂外,文字、图片、音视频等多种媒介格式促进教材实现多模态化,交互式教材、支持网站、应用程序、二维码链接等陆续应用到教材建设中,推动纸质教材逐步走向资源化、数字化。资源建设的形式势必呈现出更为丰富多元的立体化的崭新面貌,资源建设的内容也会带有鲜明的时代特征。

一 以《标准》"三等九级"的划分为参照进行教学资源建设

2021年发布的《标准》,在注重汉语自身规律的基础上,汲取了国内外各种标准和量表(如《欧洲语言共同参考框架》《面向世界的语言学习标准》《中国英语能力等级量表》等)的精华,与之前的标准和大纲相比,其最大的特点是"三等九级"的划分,即将"学习者的中文水平从低到高分为三等,即初等、中等和高等,在每一等内部,根据水平差异各分为三级"。这一划分,更符合汉语教学实际,为今后的教学资源建设提供重要参照。北京大学对外汉语教育学院主干教材格局的形成过程及相关实践,也可提供很好的印证。

从教三十余年来,本人和同事们一起见证了汉语教材及教学资源不断发展、日益丰富的过程。北京大学留学生人数众多,对外汉语教育学院承担了他们汉语教学的主要任务。这些留学生类型复杂,语言水平跨度大,既有"联合国"班,也有基于项目交流的固定国别班。自20世纪50年代至今,老师们陆续编写出版了大量汉语教材,许多教材被广泛使用,逐步形成相对完整的教材系列和比较丰富的教学资源。近二十年来,学院的主干教材均以《汉语水平词汇与汉字等级大纲》《汉语水平等级标准与语法等级大纲》等为主要参照进行编写。经过多年探索和不断调整,必修课采用的教材逐步固定为"博雅汉语综合"和"汉语口语"两大系列。这两大系列教材共18本,均由北京大学出版社出版,并都已经过两至三次修订。其中口语系列教材由初、中、高各上、下两册(共6本)逐步向各1、2、3册(共9本)改变,与综合教材的9本相配套,搭建了一个逐步提升的语言阶梯,形成了"口语9本+汉语9本"的"三等九级"平行班教材格局(见表1)。

表1 北京大学对外汉语教育学院"三等九级"主干教材格局

口语系列	综合系列	三等九级
初等	《初级汉语口语1》	《博雅汉语·初级起步篇Ⅰ》
	《初级汉语口语2》	《博雅汉语·初级起步篇Ⅱ》
	《初级汉语口语(提高篇)》	《博雅汉语·准中级加速篇Ⅰ》
中等	《中级汉语口语1》	《博雅汉语·准中级加速篇Ⅱ》
	《中级汉语口语2》	《博雅汉语·中级冲刺篇Ⅰ》
	《中级汉语口语(提高篇)》	《博雅汉语·中级冲刺篇Ⅱ》
高等	《高级汉语口语1》	《博雅汉语·高级飞翔篇Ⅰ》
	《高级汉语口语2》	《博雅汉语·高级飞翔篇Ⅱ》
	《高级汉语口语(提高篇)》	《博雅汉语·高级飞翔篇Ⅲ》

在从事一线教学的同时，本人曾做过多年教研室主任工作（预科、视听说、长期项目），对学生汉语水平的确定、班级划分有切身体会和认真思考。多年的实践证明，"三等九级"教材格局顺应了中文教学的需要和细致分班的需求，不仅有利于平行班的划分和教学组织管理，而且便于学生语言水平的确定，使更多学生用上最适合自己水平的教材，保持了教学的稳定性，与之前未采取"三等六级"划分的时期相比，从总体上提升了汉语教学效率。这种"三等九级"的教材格局形成时，新标准尚未研制，但它与《标准》"三等九级"的划分在理念上高度契合。由此产生的启发是，如果依据新标准开发汉语教材、组织汉语教学，"三等九级"的主干教材格局和相应的教学管理模式可供参考借鉴。

依托《标准》的"三等九级"进行教材编写与资源开发，可以有以下三种途径：

其一，编写新教材。可以在《标准》引领之下，开发新时期国际中文教育的课程标准/课程大纲，然后在此基础上进行新的课程开发和教材编写。（刘英林 2021）《标准》中的"四维基准"（音节、汉字、词汇、语法）、"语言量化指标"和"话题任务内容"等，可以直接作为新教材编写和教学资源建设的参考，尽管需要相对长的编写和出版周期，但这是较为理想、也更易于操作的方式。

其二，制作既可单独使用又可组合使用的微型教学资源库。利用《标准》提供的语言量化指标和话题任务等，进行内容标记和难度定级，根据教学需要灵活取用，这是最为便捷的利用方式。

其三，修订已有教材。一套成熟稳定的教材，非常珍贵，不宜轻易放弃。从客观实际出发，针对目前一些院校已有课程与教材格局相对稳定但又希望按照《标准》进行教材修订和资源建设的情况，可参考《标准》对原有教材进行修订，比对《标准》的"语言量化指标"（音节、汉字、词汇、语法），对现有课文内容、词汇表及语言点等加以调整，也可参考《标准》"三等九级"的"话题任务"等对已有教材内容和相关资源进行补充。在这方面，北京大学对外汉语教育学院博雅综合系列教材新版的修订建设情况可以借鉴。目前，已经完成9本教材的数据整理工作，进入实质性的教材修订阶段。

以初级教材和准中级教材为例：经统计[①]，《博雅汉语·初级起步篇Ⅰ》（第二版）的生词有81.3%属于《标准》量化指标中的一到三级词汇，93.9%属于一到六级词汇，《博雅汉语·初级起步篇Ⅱ》（第二版）的生词有62.2%属于《标准》的前三级词汇，85.5%属于一到六级词汇；《博雅汉语·准中级加速篇Ⅰ》（第二版）的465个词在《标准》的一到九级中，占比93.6%，《博雅汉语·准中级加速篇Ⅱ》（第二版）的662个词语属于《标准》的一到九级中的词汇，占比92.8%。从9本教材的词汇数据统计上看，教材具有良好的修订基础，依据《标准》提供的语言量化指标进行原有教材修订、升级和相关资源扩充，具有一定的可操作性。

2017年,北京大学对外汉语教育学院在北京大学出版社的大力帮助下,进行了立体化教学辅助资源的初步探索,着手为18本主干汉语教材配制教学课件,授课教师可以在学院主页的"汉语资源云平台"上下载,大大方便了教师教学。五年来,这一资源平台持续发挥着重要作用。可以预见,在教材修订和相关教学资源建设过程中,《标准》所提供的"四维基准"和"语言量化指标"等,将会促进这套教材相关的资源建设。

与北京大学对外汉语教育学院在线教学资源建设同步,北京大学出版社的"博雅学与练"微信公众号、北京语言大学的《新实用汉语课本》教学资源专区以及美国波士顿剑桥出版社的《中文听说读写》教材网站等,有很多成功经验值得借鉴。而2022年6月18日北京语言大学发布的"国际中文智慧教学平台1.0版",为汉语教学资源的立体开发和利用展示了令人鼓舞的前景。今后,在教材编写、教材使用以及相关资源建设方面,还需要国内外更多院校同行进行更为深入的交流与探讨。

二 教学资源建设应高度重视"语境"的作用

《标准》的出台,无疑会促进教学、教材、测试等多方面的研究,在教学资源建设方面,也提出了新的要求。需要注意的是,《标准》是在互联网广泛使用、信息技术高度发达的时代背景下推出的。技术进步为教育资源建设开拓了空间,丰富了手段。"没有万能的课本,唯有万有的资源"(叶军 2021)。如今,在技术条件得到巨大提升的前提下,应重视对可视化教学资源的建设,尤其要关注"语境"的可视化资源建设。由于"语境"对于汉语教学意义非比寻常,但其可视化呈现涉及图像、声音、文字等多方面信息处理,技术要求高,以往投入有限,现有资源相对缺乏,所以目前应高度重视此方面的投入和建设。

关于"语境"的探索,由来已久。英国人类学家马林诺夫斯基(Bronislaw Malinowski)在20世纪20年代就提出了"情景语境"以及"意义是语境中的功能"的观点,并将语境分为"情景语境"和"文化语境"两类。在此基础上,英国语言学家弗斯(John Rupert Firth)将语境分为"由语言内因素构成的语境"和"由语言外因素构成的语境"两类(转引自何赟 2009)。美国著名学者爱德华·霍尔曾在《超越文化》一书中将世界各国依据各自使用语言沟通时对语境依赖的程度由低到高进行了划分,并明确指出中国处于高语境文化的"极端",也就是说,中国人语言沟通时对语境的依赖程度非常高。(爱德华·霍尔 2010)这给予我们的启示是,中文作为高语境文化使用的语言,尤其应该关注语境的呈现并加以充分利用,使学生在情景语境和文化语境中获得中文的"多重浸润"(刘立新、邓方 2018),进而提高学习效率。

国际英语教育至晚从20世纪70年代末起就已经通过电视广播进行了可视化教学,如BBC制作的 *Follow Me*。(徐雄雄 2000)但由于技术条件和经济条件所限,国际中文教育在运用音像教材进行可视化教学方面发展较慢。比较普遍认识到语境在中文教学中的特殊意义,并通过完整呈现语境提高中文教学效率,是近些年的事情。尽管如此,早在20世纪80和90年代,以林焘、杨寄洲、陈如等先生为代表的学界前辈就已敏锐地认识到富含语境的情景教学的重要性,并主持了相关音像教材的编制,比如杨寄洲先生主编的电视录像片《中国话》,情景设置真实,为课文提供了合理的语言环境,普通话配音发音标准、清晰,形象生动,富有生活气息;陈如先生主编的《汉语情景会话》,生动呈现了生活常见情景对话中真实而典型的情境,林焘先生还亲自参加了拍摄。但由于教学条件的限制,这两套教材没有得到广泛使用。回顾汉语教材编写历史,在国内外众多汉语教材中,也有一些重视真实典型语境、能够提供丰富资源的优秀教材,如孟国主编的《原声汉语》,采用实景录音方式,为学习者提供典型场景下的听力材料,白建华、汪洋主编的《焦点中国》,将电视节目、网络内容与纸本教材相结合,呈现了丰富的中文目的语文化语境。本人在汉语教材编写和教学实践中,也努力汲取前人的宝贵经验,在2016年于Coursera平台上线的北京大学HSK慕课系列课程之一"Chinese for HSK Level 2"中,尝试将HSK词汇和语言点融入富含典型语境的44个情景会话中,视频由研究生助教和家人协助出演和拍摄,由技术老师和合作公司精心剪辑合成。虽然制作过程十分辛苦,但课程中的"情景会话"视频,在5年以来的学生用户反馈中得到了积极的肯定。尽管如此,由于拍摄手段等限制,音视频的质量还有待改进,在利用智慧教学方式进行互动教学资源的建设方面,还有很多可以实现升级的空间。

进入21世纪后,新技术为利用语境进行教学提供了极大的便利。《标准》的出台,与老大纲相比的时代背景已经发生了质的变化。在《标准》的指导下,进行原有课程改进和新教材、新课程的开发时,如何借助先进技术,有针对性地营造和呈现中文"典型语境",将是值得进一步研究的课题。

三 立体化资源建设应特别关注体现典型语境的真实语料

如今,互联网无处不在、无远弗届,融媒体终端可随身穿戴,碎片化学习成为一个重要学习方式。学习者主体已不是传统课堂里一班一校的学生,一个汉字、一句中文、一段提示,都可以成为教学材料。教材与教辅的主流形式正在发生可视、多样、不断丰富的立体化改变。

如前文所述,"语境"的呈现和利用在中文教学中十分重要。我国许多学者也对此有独到见解,比如著名的"三一语法"基本框架,包括"句子的形式结构""结构的功能作用""功能的典型语境"三个维度(冯胜利、施春宏 2015),其中"典型语境"这一维度越来越受到关注。呈现典型语境的一个重要的方式,则是使用经过精选的"真实语料"。因此,在依据《标准》进行资源建设时,应对真实语料进行收集、精选,从众多真实语料中筛选出最能显现典型语境的语料,并加以有效利用。

真实语料,即"在非语言教学目的下由母语者产出的一切话语"(吴中伟 2021)。中文教学中的真实语料,原本为汉语母语者之间使用的语言材料,主要区别于将汉语作为外语学习而专门编制的各种汉语语料。借助这些真实语料,有助于提高汉语学习者的兴趣和成就感,提升教学效率。

以高速路上的一条标语为例(见下图):

图 1　高速路上的标语

图 1 是一个只有几秒钟的动态视频的截图,呈现的文字是"司机一滴酒,亲人两行泪"。我们在使用这一语料时,可以进行如下思考:这条语料以哪种形式展示最佳?视频所关联的典型语境能如何引导学习者的联想和对比?五个不同级别的词语同时出现("一"和"两"为 1 级词汇,"司机"和"酒"为 2 级词汇,"亲人"和"行"为 3 级词汇,"泪"为 4 级词汇,"滴"为 6 级词汇),适合哪个阶段语言水平的学习者使用?针对不同语言水平的学生,如何进行差异化教学?如何借助语料呈现的中文特有的对偶句形式进行相关文化说明?如何利用该语料进行阅读和书写教学?如何将其用于视听说教学?

可以说,这样的微型语料十分珍贵,适合采用多种方式加以利用。相信很多有着职业热情和专业敏感度的教师都存有大量这样的优质语料,而"每一位教师开发的教学资源,如果能够不断地汇集起来,就有可能构建面向某种教学类型的动态化、开放型的资源库"(吴中伟 2021)。在资源共享的基础上,如果还可以进行语料使用量统计、语料难度标注、教学使用提示等,则可以真正形成一个丰富的、可持续使用的真实语料资源库,从而使更多的中文教师和学习者受益。真心期待各级管理者能够大力支持和积极促进此类资源的建设。

精选适合于汉语教学的真实语料并将之应用于不同学习者对象,需要大量专业细致的工作,很多同道者都已为此付出了不懈努力,如王涛老师团队的中文视听语料库及视听教材《中国微镜头》、刘志刚老师"麻辣汉语平台"中的视频素材库、刘艳君老师公众号的"真实语料学中文",等等,都是近年来出现的宝贵资源。本人也非常关注真实语料的搜集、分享和整理，至今已通过微信朋友圈发布484期"真实语料学中文"推送，同时持续关注这些真实语料的使用效果及反馈。实践证明，充分体现语境的高质量真实语料深受师生欢迎，但对于它们的搜集、整理、提炼工作，还有巨大的开拓空间。任教三十余年中，本人有幸在前辈教师的带领下参与了多次教材编写实践，在自己独立编写或作为第一作者编写的教材（如《初级汉语阅读与写作教程》《走进中国：中级汉语》《博雅汉语听说·高级飞翔篇Ⅲ》《家有儿女：国际汉语视听说教程》等）中，都有意使用了真实语料内容（如汉语标牌、电视剧等），在研究生课程"汉语教材分析与编写"中，有意引导学生们利用真实语料（包括文字、音频、视频等）进行教材编写尝试，还指导研究生撰写了利用真实语料的实践型论文〔如《〈听歌学汉语〉微课设计》（陈明非）、《基于GCSE考试大纲的汉语集合式词汇教学视频资源设计》（杨扬）、《马来西亚旅游汉语视听说教材编制设计——以〈XFun吃货俱乐部〉为素材》（谢诗韵）等〕，这些努力都得到了师生们的积极反馈。

如今，随着《标准》的出台，作为教学实践者、教材编写者和教学资源研究者，我们需要进一步思考如何在《标准》的规范下进行真实语料的选择、加工和利用，比如，可以借助已有的"中文助教""汉语阅读分级指难针""庞帝中文""视听语料库"等智能软件或平台的功能，根据设定目标进行语料难度分析、词性标注、英文翻译、句子切分以及例句调整，等等。在依据《标准》开发辅助资源时，我们应该依据或参考《标准》对其进行规范梳理、定位分级，尤其应特别关注能够反映典型语境的优质真实语料，积极搜集，科学整理，有效利用。

结　语

回顾历史可知，不同时期的大纲或标准的推出，都与国际中文教育的需求有关。《标准》的颁布、实施，必然会带动新一波立体化教学资源建设的热潮。在信息技术高度发达、互联网广泛应用的今天，这波热潮将显现新的时代特征，这不仅因为"三等九级"的划分，也因为技术发展的推动。以《标准》引领资源建设，不仅可行，而且为进一步提升效率提供了基础。我们应充分利用技术的进步，结合中文的自身特点，高度重视利用"典型语境"提升教学效率的作用，着力广泛开展围绕真实语料的研究和立体化资源建设。

注　释

① 数据由北京大学对外汉语教育学院黄立老师提供，非常感谢。

参考文献

爱德华·霍尔(2010)《超越文化》，何道宽译，北京大学出版社。

陈　如、王天慧(1991)《汉语情景会话》,北京大学出版社。
冯胜利、施春宏(2015)《三一语法:结构·功能·语境——初中级汉语语法点教学指南》,北京大学出版社。
何　赟(2009)浅论马林诺夫斯基的情景理论及其理论贡献,《现代语文》(语言研究版)第6期。
教育部中外语言交流合作中心(2021)《国际中文教育中文水平等级标准》,北京语言大学出版社。
教育部中外语言交流合作中心组编(2021)《国际中文教育教学资源发展报告(2021)》,北京语言大学出版社。
刘立新、邓　方(2018)基于"真实"材料的视听说教材编制,《华文教学与研究》第3期。
刘英林(2021)《国际中文教育中文水平等级标准》的研制与应用,《国际汉语教学研究》第1期。
吴中伟(2021)关于汉语教学资源建设的三点思考,《国际中文教育》(中英文)第4期。
徐雄雄(2000)《跟我学》是这样搞起来的,《荧屏连接海内外:中央电视台的故事》(赵化勇主编),43－49页,中国广播电视出版社。
杨寄洲(1981)我国第一部汉语教学片《中国话》摄制完成,《语言教学与研究》第4期。
叶　军(2021)没有万能的课本,唯有万有的资源——新时代国际中文教育资源建设的几点思考,《国际中文教育》(中英文)第4期。

作者简介

　　刘立新,北京大学对外汉语教育学院副教授,研究方向为汉语教材编写、汉语视听说教学。Email:lixinliu@pku.edu.cn。

新加坡中学华文教材语法内容革新论略[*]

刘振平[1]　任舒华[2]　李倩颖[3]

1、2　南宁师范大学国际教育学院　3　泰国华侨崇圣大学中国学学院

提　要　在语法内容的选编上,新加坡 2011 年版的中学华文教材具有针对学习者语言水平的不同而灵活处理语法内容、注重语法教学与语言交际相结合等优点,同时也表现出英语对华语语法学习的影响尚未得到充分重视,教材构建的语法体系还不足以满足教学需求且对提升学习者语言生成能力的作用有限等不足。为适应新加坡华文教学向第二语言教学的转变,新版教材编写者应参考中国研制的汉语作为第二语言教学大纲,研制新加坡华文语法教学大纲,在此基础上,积极参考近些年来的偏误分析成果来确定教材语法点及其内容,同时适当做到考教结合。

关键词　新加坡　中学华文　教材　语法内容　革新

一　引言

新加坡教育部自 1983 年开始出版中学华文统编教材,该版教材中附有 10 篇"语法知识",基本上是中国中学当时使用的《中学教学语法系统提要》(试用)的内容。对于该版教材,一些学者和教师指出其存在语法知识量过大、未结合课文内容选编语法点等问题(吴英成 1988)。随后,受中国汉语教学中"淡化语法"思想的影响(周清海 1994),新加坡华文教学界逐渐不再重视语法教学,教育部出台的中学课程标准中也没有对语法教学做出要求(徐峰 2011)。在这种背景下,1994、2002、2011 年出版的中学华文统编教材中语法内容逐渐减少,加强了语法知识讲解(包括例证和练习)与课文内容的结合,语法教学服务语言交际的意识逐渐增强。然而,随着以英语作为第一语言的华人子弟越来越多,新加坡原有的面向母语教学的华文课程标准和教材逐渐表现出其不适用性,于是新

---

[*] 本研究为国家哲学社会科学基金一般项目"'格局＋碎片化'的汉语作为第二语言教学语法研究"(18BYY117)的阶段性成果。

加坡教育部依据2010年母语检讨委员会的报告,重新编写了课程标准,并于2020年着手编写新的中学华文教材。新编教材一个重要目标是适应新加坡华文教学逐渐向第二语言教学转变的事实,充分照顾第二语言学习者的学习特点,而汉语作为第二语言教学中应进行语法教学,这已是学界共识(陆俭明 2000)。因此,新教材势必要更加重视教材中语法内容的选择和编排。本文将在分析现用教材(2011年版)的基础上,对新版教材应在语法内容选择和编排上如何做出改革提出建议。

二 2011年版中学华文教材语法内容选编的基本情况

2011年版中学华文教材共有五套,即《中学华文·高级》《中学华文·快捷》《中学华文·普通学术》《中学华文·基础》《中学华文·B》,分别适用于华文水平由高到低的五类学生。每套教材都有八册课本,用于中学阶段(四年)八个学期的华文教学,每学期用一册,第一至第八学期的教材编号依次为1A、1B、2A、2B、3A、3B、4A、4B(见教材封面标识)。《中学华文·普通学术》是绝大多数中学生使用的教材,而《中学华文·高级》是小学毕业会考华文水平在全国前5%的学生使用的教材,本文主要分析这两套教材,这样既能照顾到大多数学习者,也能为新加坡教育部实现培养华语精英人才服务。

2.1 《中学华文·普通学术》中的语法内容和编排

《中学华文·普通学术》采用单元模式编排教材内容,每个单元包括讲读课、导读课、自读课和综合任务,语法教学内容主要设置在导读课中。导读课的内容板块依次为:课文—课文放大镜——语惊人—王老师语文白板—技能学堂写作—小任务,其中"一语惊人"和"王老师语文白板"为教学语法板块,但不是每个单元都有。

"一语惊人"中通过两人对话引入语法偏误,随后借助"王老师语文白板"解释语法点,纠正学生的表达习惯,只在有限的几课中出现。如1A第八课"一语惊人"中,杰明问外婆在美食节活动中吃到了什么,外婆回答道"吃到很多美食!我们都吃到心满意足。"外婆的后一句话想表达的是对食物很满意,也就是"吃得心满意足",但因受方言影响而以"到"代"得",这让杰明误以为"心满意足"是一道菜,由交际场景提出了这样的疑问:"吃到"和"吃得"在用法上是否相同?接下来"王老师语文白板"详细解说了两者的差异。首先明确指出华语中"吃到"和"吃得"的意思是不一样的,然后通过对比华语中"吃到"和"吃得"所在例句来区分两者的不同,最后纠正了对话中的语法偏误。

《中学华文·普通学术》仅在一年级和二年级设置了语法点,总共只有6个,所有语法点及其分布情况,如表1所示。

表 1 《中学华文·普通学术》的语法内容及分布

册数	单元/课	设置板块	语法内容
1A	单元一/第二课	一语惊人 王老师语文白板	形容词重叠式不能直接放在动词后做补语："按久久"
1A	单元三/第八课	一语惊人 王老师语文白板	"V到"和"V得"："吃到"和"吃得"
1B	单元五/第十四课	一语惊人 王老师语文白板	及物动词(Vt.)和不及物动词(Vi.)
2A	单元一/第二课	一语惊人 王老师语文白板	方言影响："烧水""热水/开水"
2A	单元三/第八课	一语惊人 王老师语文白板	方言影响："个"和"粒"
2B	单元五/第十四课	一语惊人 王老师语文白板	"懂"和"知道"

《中学华文·普通学术》之所以只在一、二年级设置了少量的语法点，这主要是因为该教材不讲求语法知识的系统性，而是只提取与课文相关的、学习者在交际中容易出错的、最基础的语法点来分析。例如，1A和1B讲解的三个语法点分别来源于"美食""打电话""考试"这三个中学生常常会谈及的话题，利用对话的形式呈现出该话题中容易用错的语法现象，进而引出课文中需要着重讲解的语法知识。这种做法是符合语言学习者的学习规律的，教材通过选取学习者需要的、能直接用于日常生活交际的语法项目，让其学有所用，从而激发他们的学习兴趣，深化大脑中已存贮的信息，最终获得对相关知识的长时记忆。教材编写者之所以不注重语法教学的系统性，主要是因为其将中学华文教学定位于提升学生的语言交际能力、人文素养与通用能力，语法教学仅是作为增强语言表达能力的一项举措。也正因如此，整套教材语法点的选择呈零散状态，随文而出，相互之间基本上没什么关联。

2.2 《中学华文·高级》中的语法内容和编排

《中学华文·高级》中每个单元都包括讲读课、导读课和自读课，三种课型后的内容是综合任务、自评与反思以及延伸阅读。讲读课和导读课一般都设有"预习""课文"和"研讨与练习"三个板块，部分讲读课的"研讨与练习"后还有"听说天地"和"知识窗"。自读课则只有"课文"和"思考与练习"两个板块。

语法知识的讲解集中在2A、3A和3B的"知识窗"和"研讨与练习"中，4A和4B中的"预习""研讨与练习"和"思考与练习"板块偶尔会复现一些有关复句及其关联词的知识。

如3A第一课的第一个"研讨与练习"是对句法成分"主语"的介绍与举例,3B第十六课的"知识窗"比较详细地讲解了复句及关联词的相关知识点,4A第五课"预习"考查了学生对关联词的选用情况、"研讨与练习"在指导学生修改病句时再次复现了关联词要点。《中学华文·高级》设置的具体语法点及其分布情况,见表2。

表2 《中学华文·高级》的语法内容及分布

册数	单元/课	设置板块	语法内容
2B	单元六/第十六课	知识窗	词类:实词、虚词
3A	单元一/第一课	研讨与练习	主语
3A	单元一/第二课	研讨与练习	谓语
3A	单元二/第四课	研讨与练习	宾语
3A	单元二/第五课	研讨与练习	定语
3A	单元三/第七课	研讨与练习	状语
3A	单元三/第八课	研讨与练习	补语
3B	单元五/第十三课	研讨与练习	句子成分残缺:主语残缺、宾语残缺
3B	单元五/第十四课	研讨与练习	句子成分多余
3B	单元六/第十六课	研讨与练习	搭配不当
3B	单元六/第十六课	知识窗	常用复句及关联词语
3B	单元六/第十七课	研讨与练习	语序
4A	单元二/第五课	预习	关联词选择
4A	单元二/第五课	研讨与练习	修改病句:关联词
4A	单元二/第六课	思考与练习	关联词选择

由上表可知,《中学华文·高级》简要介绍了华语的语法系统,分别讲解了词类、句子成分、复句及其中的关联词,并通过专项分析句子成分残缺和复句中关联词语的使用错误,来提升学生辨识语法问题并进行修正的能力,展现了一个从易到难、由简及繁、逐步深化和扩展的语法系统。教材在语法内容的安排上,首先让学生了解华语中的词类,对华语词的性质能够有个较为清晰的认知,为下一步分析句子成分及其组配打下基础;接着具体讲解每一个句子成分,通过辨认句子成分,指出句子成分残缺的原因并纠错,使学生能够充分认识到正确的句子所应该具有的构件,从而提升造句能力,增强表达的准确性;最后讲解各类复句及其常用的关联词语,学生在理解基本语法知识的基础上增强复句表达的能力,无疑能够使自己的表达内容更丰富、逻辑上更严密。

三 2011年版中学华文教材语法内容选编的特点

3.1 不同的语法内容适配相应的教学对象

由上一节的分析,我们可以看出,《中学华文·普通学术》与《中学华文·高级》在语法内容的选择和编排上采取了完全不同的做法。前者不注重语法系统的展现,而是将学生容易出现的语法偏误放在语境中展现出来,然后简要指出何为正确用法,整套教材并没有全面呈现华语的基本语法系统;而后者是以语法知识讲解为主,系统地展现了华语的基本语法内容,旨在提升学习者对华语语法的理解和分析能力。

两套教材对语法内容之所以有如此不同的安排,主要是因为两套教材的使用对象不同。使用《中学华文·普通学术》的学生华语水平还不高,运用华语进行日常交际的能力还不是很强,教材主要是为他们提供语言能力训练材料,以便他们能够针对日常生活中一些常用话题产出正确的语言形式。而使用《中学华文·高级》的学生华语水平普遍较高,从该教材所依据的课程标准——《中学华文课程标准2011》在汉字量上的规定来看,使用该教材的学习者在2B阶段(即二年级下半期)的华语水平已经相当于汉语作为第二语言学习者的高级水平。因此,这个时候学生学习语法主要是为了增强对语言结构的理解,不仅仅要知道日常生活中围绕某个话题怎样说是对的,而且还要知道为什么这样说是对的。也就是说,不仅要知其然还要知其所以然。总体来看,两套教材的编写理念是希望针对不同水平的学习者设定不同的教学要求。

3.2 语法教学与语言交际相结合

第二语言习得研究界大量的实证研究表明,虽然语法规则的学习不一定能内化为语法能力,但如果仅靠语言交际来习得语法规则,学习者对语法规则的注意不够,常常会出现语言流利程度较好但语法的准确度不够的现象(Spada & Lightbown 1989;Lightbown 1992)。因此,Ellis(2006)主张在学习者有了一定的语言基础后再进行语法教学,也就是说,先让学习者在语言交际中无意识地运用规则,进而把语法点提取出来加以凸显和强化训练,以引起学习者的注意,做到语法教学与语言交际相结合。

前几版教材中语法教学内容与课文内容相对独立,即所教语法点在当课的课文中并没有得到很好的应用和复现,2011年版的这两套教材改变了这一模式,要么依据课文内容设置语法点(《中学华文·普通学术》的做法),即课文中出现了什么样的语法难点就作为当课的语法点加以讲解和操练,要么围绕语法点来设置课文内容(《中学华文·高级》的做法),以使学生在会话学习和反复练习中既提高语法技能又提升华文交际能力。具体内容的呈现顺序是:先让学生接触与语法点相关的语言材料,再进行语言知识的解释,进而复现学生已经接触过的语言材料来对语言点加以强化,将语法教学与语言交际相结合。

如《中学华文·普通学术》在中二上册(2A)第八课编排量词"粒"这一语法点时,先在课文中出现相关用例,使得学习者对"粒"的用法有一个感性的认识,进而在"一语惊人"板块中设计误用"粒"的交际场景引起学生注意,在此基础上再采用"王老师语文白板"的方式先对"粒"做解释,然后举例加以说明。《中学华文·高级》在中三下册(3B)第十七课安排了"语序"这一语法点,先让学习者学习课文,然后对"语序"这一术语做解释,进而抽取课文中出现过的句子作为例证来展示华语句子的基本语序。这样有意识地在出语法难点之前,先给出一些语言现象,使学生在具体语言环境中先感知和运用某些表达方式,到语言材料积累到一定程度时再出现语法点,使得无意识习得和有意识学习相结合,双管齐下,促成学生获得语言技能。不同于当前的一些汉语作为第二语言教材,在语法讲解时往往会混合使用归纳法和演绎法,新加坡中学华文教材在结合语言交际开展语法教学的同时,语法讲解主要采用演绎法。这是基于 Tibor & Mats(1972)的一项语法教学实验结果而做出的选择。该实验表明,以演绎法编排语法内容,有助于学生了解语言规律,加深对理论知识的掌握,接受演绎式教学的学生成绩明显胜过接受归纳式教学的学生成绩。

四 2011 年版中学华文教材语法内容选编上的问题

4.1 英语对华语语法学习的影响尚未得到进一步重视

新加坡华语是汉语在新加坡地区发展出的一种区域变体,在语音、词汇和语法方面跟普通话之间都存在一定的差异(陆俭明 2001、2002;周清海 2007;徐峰 2011;刘振平 2014、2016 等)。但在具体的教学中,教学者则都自觉地向普通话的标准靠拢(周清海 2007),因此,新加坡华语不同于普通话的语法现象应在教材中得到重视,通过教材引导人们使用普通话的规范用法。通过分析教材中具体的语法点,我们发现《中学华文·普通学术》的编者较为重视这一点。教材所设置的 6 个语言点,除 1B 中的"及物动词(Vt.)和不及物动词(Vi.)",其他的都是旨在纠正新加坡华人受汉语方言影响而出现的语法偏误。例如:新加坡华语里"V 到 C"结构大部分都是表示动作或状态所达到的程度(祝晓宏 2008);"懂"用在否定或疑问的句法环境中对应普通话里的"知道"意思,"不懂"就表示"不知道";量词"粒"的使用范围特别广,而普通话里主要用"个"。

然而,随着新加坡语言教育政策和语言环境的变化,英语对新加坡华语的影响越来越大,方言的影响逐渐式微,年轻一代的新加坡华人学习华语过程中更多的是受到英语的负迁移(刘振平 2014、2017)。尤其是到了中学阶段,学生的英语能力已经达到比较高的水平,加上以英语为教学媒介语的科目增加,就常常出现英语式句子(吴英成 1988)。如刘振平(2014)的分析表明,新加坡中学生使用汉语常用介词时表现出"被"字句和"当……时/的时候"的使用频率较高、常常在句首处所词语前加"在"、所出现的近一半偏误都是受英文影响而造成的等特点。因此,受英语的干扰而造成的华语语法偏误,在教材编写中更应受到重视。华文教材的编写应遵循汉语作为第二语言教学的习得规律,将"以讲语法规律和应用为主,以介绍语法术语和系统为辅""通过中英语法对比分析厘正英语式的华语句子"等(吴英成 1988)作为教材编写和语法教学的重点,这也是学界研制国别化教材时一贯倡导的一些编写原则(李泉 2004;李如龙 2012 等)。

4.2 教材构建的语法体系还不足以满足教学需求

当前汉语作为第二语言教材主要依据的语法大纲——《汉语水平等级标准与语法等级大纲》中的语法体系除了有词、句子,还有词组和句群篇章等语法单位。赵金铭(2010)考察发现"日本早期汉语课本大多从词组入手学习汉语",并明确指出,"朱德熙(1983)所提出的以词组为基点的语法体系","是既简明又严谨的一种语法体系,也是既便于语法教学又便于语法学习的一种语法体系。依据这种语法体系,从词组出发进行汉语第二语言教学具有稳妥的理论依托"。可见,词组在语法教学中的作用不可小觑。新加坡中学华文教材《中学华文·高级》与 1994 年版的中学《高级华文课本》的语法体系相比,删去了"词组"这一语法层级,且不再讲特殊句式,仅仅用少量的语法术语展示汉语最基本的语言规律,构建的是一个由二级语法单位(词、句子)构成的语法体系。

该语法体系在课堂教学中的实用性如何,是否能够有效地提高华文教学,我们尝试借助深度访谈一探究竟,于 2021 年 11 月份对新加坡南洋女子中学校、莱佛士中学、华侨中学、德明政府中学四所学校的华文老师和在校学生进行了电话访谈。

本次调查主要分为两大部分,一是教师对 2011 年版中学华文教材在编写体例、语法设置方面的满意度。题项清单有"您认为中学华文课程中语法教学的目的是什么?""您认为教材中的语法解释部分如何?""您认为教材中的语法包括'词、句子'二级单位,是否能满足教学需求?教学过程中是否需要扩充语法知识?""您对现有教材或新版教材中的语法编排有什么看法?""现有教材的语法内容是否覆盖毕业考试考核的知识点?"等。二是学生对教材内容的兴趣度。题项清单有"你为什么要学习华文?""你认为学语法有什么好处,教材中的语法解释是否清楚?"等。借以了解教师认为华文教学中亟须解决什么问题以及教材编写中的注意事项、学生的华语水平以及对华文学习的需求。共计 14 位华文教师和 21 名修读高级华文的学生接受了访谈。

4.2.1 面向华文教师的访谈结果分析

71.4%的教师认为当前教材中建构的"词—句子"二级语法单位构成的语法体系不

能够完全满足教学需求,主要体现在:教材中选用的语法点没有完全涵盖中学生交际场合、考核中面临的语言难点,在实际的教学中教师还需时不时依据课文学习的需求及时补充相应的"词组、语段"层级的知识点。譬如学生在写记叙文、说明文和议论文,或进行简单的文学创作时也常常暴露出很多语法方面的问题:句子衔接上逻辑不通、时间状语位置错误、同义词误用等。92.8%的教师认为课本里的语法解释比较清楚,方便老师教学,学生学起来也很顺利,但真正去做一些修改病句的试题时,还是辨识不出语句的具体错误;7.2%的教师则认为教材编写者没有很好地解决新崛起的以英语为家庭常用语的华人社群出现的一些语言交际问题,该群体在学习华文的过程中常常出现一些英语负迁移造成的语法问题。因此,新版教材在编写时,还需进一步严格筛选语法项目,在"量"的控制上讲究科学性,不仅要考虑到语法难点,还要照顾到毕业考试中考核的知识点;在"质"的把控中反复推敲、斟酌,语法点的解说不仅要增强学生对语法现象的理解,还要注重对语法问题的辨识和修正能力。

4.2.2 面向学生的访谈结果分析

中学生学习华文的动机与学习兴趣、升学考试、文化背景、社会交际等关系密切,其中受升学考试、社会交际的影响尤为显著,学生学习汉语的动机以功利性为主导,学习热情普遍偏低。那些文化认同感较高的学生感觉课堂教学方法较为单调、呆板,缺乏趣味性。并且,有48.0%的学生感觉语法知识的解释内容十分简单,课堂上很好掌握,但在社会生活中仍会出现交流障碍,考试得分不高,学习成就感较低。

周祖谟(1953)指出,语法教学是语言教学的基础,语法知识的学习能使学生在现有汉语资料的基础上进行延展,学习汉语在语法上必须掌握三点:句子的结构形式;句中词语的次序;词与词、句与句关联的虚字。有了这种基本知识,自然学得快,理解得也快。赵金铭(1994)指出,第二语言教学中,教学语法的目的不仅是为了帮助学习者识别和理解语句,更重要的是帮助学习者生成正确的结构。但从学生的访谈情况可以看出,当前教材中的语法体系在词语组配、句子关联等方面有欠缺,还不能完全应对学生出现的词语搭配偏误和篇章偏误;教材在语法点的内容设计上,还没充分考虑学生语法知识和能力上的弱项,也没很好地照顾到学生毕业考试要考查的语法内容,对学生辨识和修正病句的能力训练不足。

五 对新版教材选编语法内容的建议

评估一部教材的语法选编质量主要看两个方面,一是教什么,二是怎么教。前者是看教材中语法内容的选择是否科学,后者是看教材中语法内容的编排是否合理、是否符合相关策略(吕文华 2002)。分析现用教材的优缺点,能够为新版教材的编写提供参考,以便新版教材继承现用教材的优点,克服其缺点,革新相关内容。为了使得新版中学华文教材在语法内容的选编上更能满足学习者的需求,我们在剖析 2011 年版教材优缺点的基础上,结合新加坡华文教学已经转变为第二语言教学的事实,提出以下几点建议。

5.1 研制新加坡华文语法教学大纲

教学大纲是编写教材的前提条件之一,没有教学大纲的约束和指导,很难编出科学实用的教材来(赵金铭 2019)。目前新加坡在编写中学华文教材时,可参照的纲领性文件主要是《中学华文课程标准》,《华文课程与教学法检讨委员会报告书》在某种意义上也具有教学大纲的一些功能,但这两者都没有对教材中应该如何选编语法内容做出说明。而且,对于华文中学阶段属于什么等级,应掌握多少语法点,高级华文、普通学术、快捷、基础等不同课程的语法教学量如何确定,是否可以照搬国内制定的汉语作为第二语言教学的语法大纲,新加坡方面都没有相关的标准和要求。另外,各个年级、每课的语法量以及语法总量应该控制在一个什么范围内,也没有明确的参考依据。(刘潇潇 2009)

徐峰(2011)在分析新加坡华文教学中语法的地位时,曾指出,在教育主管部门看来,语法教学还不是华文教学中的一个问题,至少还谈不上是一个急需解决的难题。但是,近些年来的研究表明,新加坡中学生的华语语法能力并不是很强,语言表达的准确性确实有待提高(刘振平 2016、2017)。语法教学是提升语言表达准确度的重要途径,学习者如果对语法注意不够,语言表达的准确性就不够,语言也就很难达到较高的水平(Schmidt 1990)。有鉴于此,新版教材有必要进一步加强语法教学。目前的事实是,学界对新加坡华语的语法系统到底是什么样的还认识不清(刘振平 2014)。比较一致的看法是新加坡华语是普通话在新加坡地区的一种区域变体(陆俭明 2001)。既然新加坡华语是作为和中国普通话平等地位的语言主体,那么这个主体无疑应当有自己的语音、词汇和语法系统。(周清海 2007)因此,在编写华文教材之前有必要选取代表性语料归纳整理新加坡华语语法系统,进而在与英语语法对比的基础上找出学习者的学习难点,并考虑适当保留新加坡华语长期受汉语方言和马来语等影响而形成的特点,最终建立适合当地华文学习者的语法教学大纲。

5.2 重视和吸收语法偏误分析的成果

语法教学大纲只是列出了语言教学中应该教学的语法点,但在具体的教学中如何才能使得学习者掌握这些语法点,持不同语法教学理念的教学者会有不同的处理方法。在教材编写中,大纲中的语法点也并不一定都会作为教材中的语法点,进行专门的讲解和训练。语法肯定要教,但不一定讲,而关键在于练。(吴中伟 2007)李泉(2016)指出,语法学习和掌握的方式方法可以多种多样,可以是理性的"明学",也可以是感性的"暗学",

或是二者兼而有之。Ellis(2006)认为，无论采取什么样的方式，只要能够把学习者的注意力吸引到某种特定的语法形式上，从而帮助他们从元语言的角度理解语法形式，或在理解和生成语言的过程中处理语法形式，使他们能够将其内化，都属于语法教学。因此，有了语法教学大纲之后，教材编写时还需进一步考虑：(1)教学大纲里的哪些语法点要在教材中设置为"语法点"让学生"明学"，哪些可以通过其他形式让学生"暗学"；(2)教材对所设置的语法点如何进行描述。

已有研究表明，无论是选择语法点还是描述语法点，都必须了解学习者的学习难点是什么，要搞清楚难在哪儿、为什么难，这就需要借助学习者的语法偏误考察和分析结果。虽然针对新加坡华文学习者的语法偏误分析起步较晚，很长的一段时间里都仅限于对几个方言句式的分析，但近些年来越来越多的学者开始关注新加坡华文学习者的语法偏误，尤其是因英语负迁移而造成的语法偏误(刘振平 2014)。新加坡华文教研中心等相关机构也建立了一些中介语语料库，各个中学里都保留着大量的学生作文，这些都为分析新加坡华文学习者的语法难点及原因奠定了基础。新版教材编写者应给予这些材料足够的重视，在选编语法点前认真分析学习者的偏误，以尽可能地使教材所选语法点有足够的必要性，对语法点的解释和训练能切中肯綮，从而达到在最短的时间内解决学习者的语法问题使其能够正确理解和生成语言结构的语法教学目标(崔希亮 2003；金立鑫 2003 等)。

5.3 适当做到考教结合

姜丽萍(2015)曾指出，人们研发 HSK 教材从奉行"考教分离"发展到"考教结合"，逐渐认识到以汉语水平考试促进汉语教学和学习是符合现阶段国际汉语教学的实际和需求的。这说明教材既是教师组织课堂活动、学生学习语言需要借助的重要文本，也是进行测试的重要依据。新加坡社会学习华文，除了要继承优秀的传统文化之外，学生的学习积极性还来源于一个重要的目的，即在 O 水准华文考试(新加坡教育部和英国剑桥大学考试局共同研发的中学毕业考试，考试成绩作为申请新加坡本地和欧美高校的重要凭证)中拿到高分，为自己升入理想的大学加分。O 水准华文考试在新加坡中学教育中扮演着十分重要的角色，既是新加坡实施多元共存的语言政策的表现，也是推动学习者将华文学习进行到更高阶段的重要动力，相关的加分政策大大提升了学生的学习积极性。

然而，现用教材所编选的语法点并没有很好地照顾到 O 水准华文考试的考核重点，这也是在我们的访谈中，新加坡华文教师普遍反映的一个问题。实际上，这不仅仅是新加坡华文教学中存在的问题，东南亚国家国民教育体系升学考试中的汉语考试与汉语教学的匹配度都不高，主要体现为考试难度高于教学难度(邢蜜蜜、刘玉屏 2019)。学生学习一段时间后，很难对自己的学习能力有一个正确的评估，因此也就很难获得学习上的成就感。访谈中教师们还反映,现用教材中设置的语法内容不足以应对O水准华文考试的需求,这令学生对教材的科学性感到怀疑。

我们一直强调教材的实用性,主要是希望学生学到的知识能够立竿见影地运用到社会交际中。同样,如果在知识学习与评估之间建立一个常规机制,使得学生在语言学习过程中直观感知自己的学习效果,这无疑能够激发其学习的积极性,达到"以考促学"的教学目标,所用教材也就能够在学习者中得到更高的认可度。因此,在教材编写者不能决定O水准华文考试考核内容的情况下,如何在保证学生的日常交际能力得到不断提高的同时,顺应O水准华文考试的需求,是新版教材编写者必须考虑的一个问题。如《中学华文·高级》所选编的有关复句和关联词的语法点,主要是并列关系、递进关系、转折关系、假设关系和条件关系五类复句,对因果关系、目的关系、连贯关系和选择关系复句也有一定的提及。但O水准华文考试中所考查的关联词很多并没有出现在教材的语法点中。我们来看近几年考试中关于复句的考点:

1. 选择关联词

(1)为了增广见闻,还有人可以一面打工,一面旅行。当旅费用完时,就找一份短工来做,Q8(1 不管　2 既然　3 就算　4 宁可)替人洗碗,也心甘情愿。

(2)在舒适区内,人们不管做什么,都会感觉很舒服;Q2(1 尽管　2 一旦　3 只有　4 与其)离开这个舒适区,就会立即感到不自在。

2. 选择副词

(1)但是,一只小鹿即使碰到再高兴的事,也Q4(1 尽管　2 依然　3 一向　4 确实)毫无表情,更别说有什么笑容了。

(2)其实,每当我们动心时,Q8(1 固然　2 不妨　3 与其　4 宁可)先问问自己:眼前这物件真的需要吗?

3. 修改病句

(1)除了罚款,屡犯者就必须接受在公共场所清理垃圾"示众"的惩戒。

(2)这些年来,我们一直邀请公众参与涂鸦活动,即使他们缺乏这方面的经验,我们并欢迎。

对比教材中有关复句的语法点,O水准华文考试试卷对复句关联词的考查明显超出了教材所给出的内容。如试卷中所考查的条件复句的关联词"一旦……就……"、假设复句的关联词"就算……也……"、递进复句的关联词"除了……还……"等都未在教材语法点中出现。

考教结合,并不是说考什么就教什么、教学完全以应付考试为目的,而是强调如果所教的内容不足以应付考试,考核的知识水平超出了教学的知识水平,造成教考分离,学生就会质疑教材的科学性。因此,新版教材在选择语法点时应加强与 O 水准华文考试考核要点的对接,使得教材中的语法内容尽量能够覆盖 O 水准华文考试考核的知识点。

六 结语

新加坡越来越多的年轻华人已经不再运用华语作为社会交际语言,甚至在家庭中也不再以华语作为主要用语(刘振平、杨绪明 2019),而是仅在学校里修读华文课程。这使得新加坡华文教学逐渐转向了第二语言教学。为应对这一变化,新加坡教育部依据母语检讨委员会所提呈的建议,重新编写华文教材。为适应华文教学的新转向而编写新教材,首先要明确新转向对教材的新要求,进而剖析现用教材的优缺点,最终理清革新教材的策略。

有鉴于此,本文主要探讨了面对新加坡华文教学转向第二语言教学的现状,中学华文教材在选编语法内容上应如何做出革新。通过分析新加坡中学现用的《中学华文·普通学术》和《中学华文·高级》,我们发现,两者在选编语法内容时,都一定程度上照顾到了教材使用对象的华文水平,具有一定的针对性。前者的使用对象,华语尚未达到较高水平,听说读写能力都还需进一步训练,教材主要是为他们提供语言能力训练材料,语法教学的目的是培养他们的语言生成能力,因此,教材只选择一些如果不特别加以强调学习者就会出现错误的语法点;而后者的适用对象,华语水平普遍较高,他们学习语法主要是为了增强对语言结构的理解,做到不仅知其然还要知其所以然,因此,教材介绍了华语语法系统以帮助他们将自己的语法知识系统化。两套教材都很好地注重了将语法教学与语言交际相结合,增强语法教学的趣味性和实用性。但两套教材都还存在着选编的标准不够明确或失之偏颇(对英语的负迁移重视不够)、语法体系不能满足语法教学需求、对提升学习者语言生成能力的作用有限等不足。为适应新加坡华文教学向第二语言教学的转变,我们认为,新教材应在继承现有教材优点的基础上,在以下三个方面做出革新:研制新加坡华文语法教学大纲;重视和吸收语法偏误分析成果来确定语法内容;适当做到考教结合。

本文所做的分析和所提出的建议,多是从宏观着手,旨在对新教材选编语法点提供一些思路。对语法点选编过程中会出现哪些具体问题、如何解决这些问题,并未做出预测与分析,这些还有待后续研究。

参考文献

崔希亮(2003)试论教学语法的基础兼及与理论语法的关系,《对外汉语教学语法探索——首届国际对外汉语教学语法研讨会论文集》(国家汉办教学处编),20—31页,中国社会科学出版社。

姜丽萍(2015)《HSK 标准教程》系列教材的编写理念与实践,《国际汉语教学研究》第 2 期。

金立鑫(2003)漫谈理论语法、教学语法和语言教学中语法规则的表述方法,《对外汉语教学语法探索——首届国际对外汉语教学语法研讨会论文集》(国家汉办教学处编),46—56页,中国社会科学出版社。

李　泉(2004)论对外汉语教材的针对性,《世界汉语教学》第 2 期。

李　泉(2016)对外汉语教学语法体系:目的、标准和特点,《国际汉语教学研究》第 1 期。

李如龙(2012)论汉语国际教育的国别化,《语言教学与研究》第 5 期。

刘潇潇(2009)海外华文教材语法项目的定量统计与分析,《海外华文教育》第 4 期。

刘振平(2014)新加坡中学生使用汉语常用介词的特点与偏误,《华文教学与研究》第 4 期。

刘振平(2016)汉语语法在新加坡的变异及教学语法研究,《汉语学习》第 3 期。

刘振平(2017)新加坡华语语法研究现状与问题分析,《海外华文教育》第 9 期。

刘振平、杨绪明(2019)"一带一路"背景下新加坡汉语传播现状及策略,《海外华文教育》第 1 期。

陆俭明(2000)"对外汉语教学"中的语法教学,《语言教学与研究》第 3 期。

陆俭明(2001)新加坡华语句法特点及其规范问题(上),《海外华文教育》第 4 期。

陆俭明(2002)新加坡华语句法特点及其规范问题(下),《海外华文教育》第 1 期。

吕文华(2002)对外汉语教材语法项目排序的原则及策略,《世界汉语教学》第 4 期。

吴英成(1988)关于华语语法教学问题,《语言教学与研究》第 3 期。

吴中伟(2007)《怎样教语法——语法教学理论与实践》,华东师范大学出版社。

新加坡教育部(2011)《中学华文课程标准 2011》,教育部课程规划与发展司印。

邢蜜蜜、刘玉屏(2019)东南亚国家汉语考试体系化建设研究,《民族教育研究》第 1 期。

徐　峰(2011)关于新加坡华语语法教学的若干思考,《汉语学习》第 3 期。

赵金铭(1994)教外国人汉语语法的一些原则问题,《语言教学与研究》第 2 期。

赵金铭(2010)汉语句法结构与对外汉语教学,《中国语文》第 3 期。

赵金铭(2019)《对外汉语教学概论》(修订本),商务印书馆。

周清海(1994)语法研究与语法教学,《新加坡华文教学论文集》(谢泽文编),148—155 页,北京语言学院出版社。

周清海(2007)《全球化环境下的华语文与华语文教学》,新加坡青年书局出版社。

周祖谟(1953)教非汉族学生学习汉语的一些问题,《中国语文》第 7 期。

祝晓宏(2008)《新加坡华语语法变异研究》,暨南大学博士学位论文。

Ellis, R. (2006) Current issues in the teaching of grammar: An SLA perspective. *TESOL Quarterly*, 40

(1), 83—107.

Lightbown, P. M. (1992) Can they do it themselves? A comprehension-based ESL course for young children. In Courchne, R., Glidden, J., John, St. & Thrien, C. (eds.). *Comprehension Based Language Teaching: Current Trends*, 353—370. Ottawa: University of Ottawa Press.

Schmidt, R. W. (1990) The role of consciousness in second language learning. *Applied Linguistics*, 11(2), 129—158.

Spada, N. & Lightbown, P. M. (1989) Intersive ESL programmes in Quebec primary schools. *TESL Canada Journal*, 7(1), 11—32.

Tibor, V. E. & Mats, O. (1972) *Teaching Foreign Language Grammar to Adults: A Comparative Study*. Gothenburg: Department of Education Research, Gothenburg School of Education.

作者简介

刘振平,南宁师范大学国际教育学院教授,研究方向为汉语语法与国际中文教育。Email:liuzhenping79@163.com。

任舒华,南宁师范大学国际教育学院在读硕士,研究方向为国际中文教育。Email:1362705197@qq.com。

李倩颖,泰国华侨崇圣大学中国学学院在读博士,研究方向为国际中文教育。Email:2235977582@qq.com。

欧盟多语言政策演变与海外中文推广策略

韩 曦

北京大学对外汉语教育学院

提　要　欧洲从组建欧共体开始，就强调其语言文化的多样性，在语言政策上实行多语言主义，并认为掌握外语技能有助于消除国与国之间的隔阂，增进各民族之间的相互理解。因此，欧盟鼓励人们从小就开始学习至少两门外语，并出台了一系列行动计划及配套措施。随着全球经济一体化步伐的加快，欧盟的语言政策也在与时俱进地发展变化，其政策制定的出发点也从最初的人权、法律层面向有利于个人职业发展和各国的经贸合作转变。而中欧经贸关系的日益密切，使学习中文的人数开始增加，中文推广在欧洲面临着前所未有的机遇与挑战。加强合作，扩大本土中文教师的培训范围，建构多层次中文教师人才结构与国内派出模式，拓展汉语国际教育硕士的培养目标，将是海外中文推广的有效路径。

关键词　欧盟　语言政策　海外中文推广　机遇与挑战

引　言

从 1951 年《巴黎条约》签署，到 1958 年欧共体正式组建，再到 1991 年欧共体在马斯特里赫特通过《欧洲联盟条约》，欧洲一体化经历了漫长的历史进程。尽管欧洲各国在政治、经济、法律等层面一直努力实现一体化，但为了更好地服务于政治和经济，欧盟从成立之初就强调其语言、文化、习俗和宗教信仰的多样性，并将其视为各成员国之间团结与相互理解的前提与保障，是欧洲宝贵的财富。欧盟现有 27 个成员国，官方语言就有 24 种，如加上土语和少数族裔的语言，其数量超过 60 种。此外，随着社会的发展，全球化进程的加速，一波又一波的移民不断将新的语言和文化带到欧洲大陆，其中也包括中文。正是在欧盟奉行的语言文化多样化和多语言主义的理念下，其丰富多样的语言和文化才免遭同化，欧洲成了一个有着多种语言和文化的大家庭。强调语言的平等，鼓励和倡导语言多样性也因此成为欧盟一以贯之的原则与方针，是构成其各种法律条约的基本核心，并成为其制定教育政策和推广外语①教学的重要依据。随着中国移民人数的增加，以及中欧经贸合作的日益密切，中文受到越来越多民众与机构的重视。如何在欧盟语言政策的框架内，在教育部中外语言交流合作中心海外中文推广的基础之上，抓住机遇，为有更多意愿学习中文，了解中国文化的国家和机构提供帮助与支持，是海外中文推广工作中需要认真考虑的问题。本文将通过对欧盟语言政策的演变发展的考察，探讨海外中文推广的机遇、挑战及策略。

一 欧盟多语言主义政策的嬗变与发展

欧共体在语言和文化政策上正式确立语言平等和语言多样性的基本原则始于1958年颁布的《欧共体第1号语言章程》。该章程将荷兰语、法语、德语和意大利语作为该机构的官方语言和工作语言，规定除官方文件需要使用这四种语言外，欧共体成员国的机构或个人给该机构的成员国用任何一种官方语言写信，所收到的回信也应该是同一种语言。这一章程的颁布从法律角度为欧共体随后的语言文化政策定下了基调。从1976年开始，欧共体明确提出了要保护欧洲丰富的语言文化遗产。经过半个多世纪的发展，1991年，第46届欧共体首脑会议在马斯特里赫特举行，通过了《欧洲联盟条约》，并首次提出"欧洲公民"的概念，指出在保障人民和国家安全的同时，欧盟成员国的居民有权在成员国领土内自由流动和居住，并强调应尊重各成员国的民族特性。

欧盟奉行文化和语言多样性的原则是建立在每个公民都享有语言平等及自由选择其所使用语言的权利的理论基础和法律原则之上的，是为了最大限度地维护欧盟各国及各民族之间和平共处、相互交流。作为可以自由流动的欧洲公民，特别是生活在全球化与信息化程度越来越高的现代社会，学习外语为个人和职业发展创造了更多的机会；而对于社会来说，它促进了文化交流，增进了相互理解和凝聚力；对于企业来说，具有外语能力和跨文化交际能力的员工是成功占领国际市场的重要资源之一。总而言之，这一理念，即培养年轻一代掌握两种以上的外语，是维持一个可持续发展的、多元的和民族繁荣的欧洲的关键因素，也已成为欧盟各成员国的一个共识。

随着时代发展，欧盟的语言政策也在不断改进调整，其多语言主义的宣传与实施力度也在不断加强。从1987年开始，陆续推出了一系列推动外语学习的项目，如伊拉兹马斯项目、学外语项目等。在这些项目取得初步成效后，欧盟理事会又于1995年通过了打破欧盟内部壁垒，增强各国人民相互了解的《在欧盟教育体制内促进多样化语言教学》②决议。该决议重申，每个公民有权决定自己使用的语言，因为它关系到平等、自由与和平，也是欧盟所推行的民主的基础，是欧洲多元文化的一个重要内容；语言和文化的多样性是欧盟教育中的一件大事。这个具有里程碑意义的决议对基础教育阶段语言的学习和语言教师的培训给出了具体方案,并首次明确要求成员国的中小学除学生的母语外,还应该为他们提供至少两门外语及两年以上的学习机会。此外,该决议还列出了成人教育阶段推广外语教学的具体计划。1997年欧盟理事会通过了《教授幼儿学习欧洲语言》的决议,重申了欧盟各语言所具有的平等地位,并明确提出要制定维护语言和文化多样性的有效方案,以促进欧洲多语言主义的具体落实。也正是在这个决议中,欧盟理事会首次提出,在幼儿早期阶段除母语外再学习一门甚至更多的语言是维护语言和文化多样性的有效途径,并希望在不久的将来欧盟成员国的每一位公民都能感受到欧洲多语言政策带来的丰富多彩的文化内涵。之后,欧盟理事会为此目标制定了一些具体的措施,比如"2001欧洲语言年"计划,其内容包括项目实施的目的、意义、目标以及经费支持等。

2002年,欧盟各成员国首脑在巴塞罗那召开会议。会议达成的一个重要共识就是呼吁各国采取进一步行动,提高掌握各项基本技能的水平,特别是学校至少教授幼儿两门外语,为语言技能打下良好的基础。[③] 2005年欧盟出台了《多语言主义新战略框架》。这是欧盟委员会首次在官方文件中明确提出"多语言主义"(Multilingualism),并首次明确将多语言主义作为一项重要职责。

2012年,为了对欧洲外语教学的状况及学生外语学习的效果有所了解,欧盟委员会对16种教育体制的外语教学情况进行了调查,刊发了《欧洲语言能力调查报告》。该调查报告对欧洲外语教学现状及发展进行了全面客观的论述,对促进欧盟各国的外语教学产生了积极的推动作用。2017年,欧盟在哥本哈根举行峰会,欧盟各国政府首脑表达了希望进一步做好文化教育工作的诉求,并为此制定了2025年欧洲教育愿景,即到那时,欧洲能有一个高质量的、包容的、不会受到疆界束缚的教育、培训和科研环境;公民到其他成员国去学习、工作和生活将是再平常不过的事情;除了母语之外,公民说两种语言是很普遍的情况;每个人都有强烈的欧洲公民意识,有欧洲文化传承意识,认同欧洲文化的多样性。

二 欧盟多语言主义政策的行动计划与措施

为了宣传和落实多语言政策,提高欧洲公民对外语学习的认知度和意愿,欧洲理事会出台了一系列行动计划及配套措施,并对各阶段的外语教学提出了具体指导意见,力争将年轻一代的欧洲公民培养成适应现代社会经济发展需要、在信息化和互联网+的时代可以游刃有余地生活与工作的现代人。

在众多的外语推广措施中,我们对欧洲理事会为促进和鼓励外语学习出台的行动计划进行了梳理,主要有以下几种。

2.1 "学外语"项目

"学外语"项目于1990年实施。其目的是提高人们在欧洲地区用成员国语言交流的能力,提高并增加人们学习外语的质量和数量。欧洲理事会为此采取了一些具体行动,如每年通过"苏格拉底"计划和"达·芬奇"计划向其负责的有关学外语项目投资约0.3亿欧元,用于语言教师的海外培训、向学校派送外语助教、资助学生出国访学交流,以及开发适用于语言教学的音像资料等;而大学生和大学教师的海外交换项目则由伊拉兹马斯项目负责管理。从1992年开始,学外语项目将欧洲自由贸易协会的成员国纳入进来。整个项目实施的7年间共获得了约5.2亿欧元的支持。在项目管理上,则以招标形式,授予英国文化委员会、法语国际教育研究中心和歌德学院共同对项目进行技术支持的权力。

经过5年的努力,有约19000名外语教师到目的语国参加了岗中培训;约83000位青年和约8000名教师通过12个国家的约4000个合作机构参加了联合教育项目;大学间的合作项目也多达900余个,参与的学生约32000名。总之,人们学习外语的意识得到了提高,取得了初步成效。

1995年欧盟委员会进入新的历史发展时期,进一步加强各成员国之间的联系成为一种共识。在外语推广方面,欧盟委员会采取了进一步措施。在1995年出版的《教育与培训白皮书:教与学走向学习化社会》(以下简称《白皮书》)中,再次强调语言多样性必须得到保护,并提出要平等对待和推广多语言主义。《白皮书》除了将1996年确定为"欧洲终身学习年"外,还首次提出了具体目标,即除了母语之外,还要掌握两种欧盟成员国所使用的语言的目标。为了实现这一目标,《白皮书》建议从学前班开始教授第一门外语,到了中学阶段开始学习第二门外语。而早期的学外语项目也在"苏格拉底"计划和"达·芬奇"计划的支撑下变得更加具体和完整。《教育、培训、研究:跨国界移动的障碍》调查报告则指出,缺乏外语技能依然是阻碍人们跨国界移动的因素之一。因此该报告呼吁欧盟各国继续加强对公民的外语培训,并再次强调每一个公民如果能够掌握两种以上的语言,在欧洲单一的市场中将无疑为个人发展提供更多的机会。

2.2 2001年欧洲语言年

鉴于欧盟委员会一直呼吁持续不断地通过教育手段提高人们的知识水平,明确每一个公民都有权利自由地移动、居住在成员国的土地上,那么能够流畅地使用外语,尊重国家与地区的语言和文化的多样性就显得尤为重要。欧盟一直都对不同的语言和文化持平等的、一视同仁的态度,认为它们是欧洲丰富文化和文明的一部分。这是尊重人们自由选择权的一种直接体现。允许人们自由选择语言,将有助于不同民族之间的相互了解,并赋予"欧洲公民"的概念以实质性的内容。学习外语不仅有助于增强文化多样性意识,消除种族主义、反犹太主义,提高人们的容忍度,而且对经济发展也有益处。

为了确实有效地体现欧盟语言文化多样性,欧洲理事会在2000年决定将2001年定为"欧洲语言年"。后来又确定之后每年的9月26日为"欧洲语言日"。欧洲理事会希望通过这一活动,提高全民学习外语、终身学习的意识,促进人们对语言多样性和跨文化交流的理解。为此,欧洲理事会专门建立了网站,常年组织和开展各种有助于外语学习的活动。

2.3 出版《欧洲语言共同参考框架:学习、教学、评估》

1991年欧洲各国政府机构在瑞士鲁西利康就"欧洲外语教学的透明度与协调性:目标、评估、证书"展开专题讨论。与会者一致认为,有必要进一步加强成员国的外语教学,以满足人们日益频繁的跨国流动和有效进行国际交往的需要。掌握外语能为人们更好地提供获取信息的渠道,能促进人际交往,改善工作关系,增进相互理解。为实现这一目标,就应该制定终身学习计划,从学前班一直持续到成人教育,在整个教育体制内推广和促进外语学习。

正是在这样一个背景和倡议下,欧洲理事会组织专家编写制定的《欧洲语言共同参考框架:学习、教学、评估》正式出版。这份对外语教学具有指导意义的文件除了为各阶段的语言能力制定了详细、清晰的标准,对各义务教育阶段所要达到的相应的语言水平提出了具体要求外,还强调语言教学应该兼容并包,允许学习者自由选择语言进行学习,鼓励创新、包容和多语言的教学方法,确保更多的语言教师能到国外学习并从中获益。欧洲理事会希望通过这个具有广泛指导意义的共同参考框架,为外语学习者提供一个尽可能详尽完整、清晰明了、连贯一致的教学大纲。

2.4 发布《推动语言学习与语言多元化:2004—2006行动计划》

2004年,欧盟委员会发布了《推动语言学习和语言多元化:2004—2006行动计划》,希望通过支持各级机构来响应欧洲理事会帮助欧洲公民学习两种以上外语的号召,从而提高全民学习外语、终身学习外语的意识和效果。

在这一份行动计划中,欧盟委员会除了继续强调两门以上的外语学习、终身学习、师资培训等具体的要求之外,还推出了"内容与语言综合学习"(Content and Language Integrated Learning,以下简称CLIL)的新方法,即将语言教学与其他科目的课程大纲相结合,以一门外语作为媒介学习某一学科的内容。这一方法在欧洲被越来越广泛运用到学校的外语教学中,为外语教学探索一条新路。

为具体落实并将这一新的教学方法付诸实际,行动计划还对专业课教师的外语能力培养给出了具体方案。除开展上述活动之外,欧盟委员会还出台了终身学习计划,成立了语言教学专家团,以便在高校加强外语教育及开展多语言主义和跨文化领域的学术研究;收集年轻人外语实际技能信息,为决策者提供参考④;通过了《2010 教育与培训》,推动"经济增长和就业机会"等具体措施。

在欧盟各政府部门和机构的推动与共同努力下,小学就开设一门外语课的学校数量有了明显增长,而且小学生学习第一门外语的年龄也提早了很多,但是高中开设外语课的状况依然不尽如人意,而且这个"外语"多数情况是英语。根据"欧洲晴雨表"最新的调查显示:97%的年轻人将英语作为第一外语来学习;并非所有的欧盟成员国将第二外语作为必修课来要求学生;学校教师除了教授英语、法语、德语和西班牙语外,很少教授其他外语。另外,各国和各群体外语能力的比例也不尽相同,例如,99%的卢森堡人会说一门以上的外语,而超过半数的西班牙人、意大利人和葡萄牙人只会说母语;男性和生活在城市的人会说外语的比例明显高于女性、老人和乡村居民。

为了更好地推行欧盟委员会倡导的多语言主义,尽早实现其规划的愿景,各国政府一致同意,将通力合作,分别制定全国性的计划,继续为在全社会推动多语言主义发展采取可持续发展的行动。其中包括:建立全国性的计划,保证为促进多语言主义所采取的行动的方向、架构和持续性,包括在日常生活中鼓励使用不同的语言;结合《欧洲语言教师教育简况》重新评估语言教师培训;结合整个欧洲的做法,重新评估幼儿语言学习的安排;落实并推广 CLIL 的理念和教学法,对 CLIL 的教学效果进行研究,并加强对 CLIL 教师的培训。

进入 21 世纪,随着全球化日益加深,信息技术的日新月异,身处一个竞争激烈、依存度越来越高的市场经济环境时,培养年轻人全球视野和跨区域交际能力愈发重要。正是在这样一个大背景下,欧盟委员会宣传和推广多语言主义的角度也悄然发生变化。除了继续从人权、交际、社会认同等方面强调外语学习的重要性之外,还明确了语言教学不应该仅仅局限在欧洲国家的语言,还应该包括那些此时此刻在欧洲较少使用的语言,应该弱化欧洲语言与外语之间的界限。要让掌握多种外语,尤其是欧洲语言之外的外语技能和终身学习的理念深入人心。

跨文化交际能力在全球市场与销售策略中扮演着一个前所未有的重要角色,欧洲企业要想做大做强,除了需要掌握欧盟成员国所使用的语言,还应该掌握全球其他贸易伙伴国的语言。因为掌握多种语言无疑将增加自身在劳动力市场的竞争力。为此,欧盟委员会加强了对《技能与流动:2002 行动计划》后续工作的执行力度,在 2006 年出台的《欧洲劳动力流动年》中重点强调了语言技能的培训,并就信息社会下传媒业飞速增长的状态出台了一系列文件及项目,以支持多语言的内容和知识的开发与传播。

纵观欧盟理事会为落实其语言政策所采取的一系列措施,可以很清晰地看到从标准制定，到师资培训，再到强化终身学习理念，欧盟的外语教育已经步入成熟的发展阶段。我们相信，在欧盟委员会和各国政府的不懈努力下，欧洲的外语教育一定会更上一层楼，其促进全民外语学习意识提升的具体做法和先进的教学理念也会继续成为世界其他国家和地区学习与仿效的榜样。

三 欧洲多语言主义背景下的海外中文推广策略

欧盟理事会在 21 世纪全球化背景下对其语言政策及各行动方案的适时调整，为中文在欧洲的推广提供了良机。能否抓住这次机会，让更多的人学习中文，学好中文，对从事国际中文教育的教师来说无疑是一次挑战。无论是欧盟委员会还是各国的教育主管部门，均无权向教育机构，包括公立、私立、教会或社区学校下达行政命令，要求它们开设某种或某几种外语课程。行政主管部门的职责只能是提出建议，提供帮助和支持，真正开设外语课程的决策权掌握在受到各方因素影响的校董事会手中。由此，中文已与其他外语在同一个平台上供学习者选择了。如何在欧盟语言政策的框架内，吸引学习者对中文感兴趣，并对中文保持持续的热情，如何为中文教师⑥和学生提供可供自由选择、适合各种语言水平、满足各种需求的教学资源，如何培训更多合格的中文教师以满足日益增多的中文学习者的需求，都是我们应该认真考虑并寻找解决方案的问题。

现在，随着中国科技的崛起，中国经济的繁荣，以及中欧经贸合作全方位的推进与发展，人们希望了解中国和学习中文的意愿已经被激发。尤其是新冠疫情爆发以来，中国经济的快速复苏，越来越多的欧洲企业来到中国寻找商机、开拓市场。正是在这样一个大背景下，学习中文、了解中国文化、掌握与中国企业交流沟通的技能，对有意与中国进行经贸合作的企业来说就愈发重要。这种人才需求的扩大无疑将影响到欧洲社会的各个角落，包括中小学的家长和有决定权的校董。事实也证明，开设中文的学校和学习中文的学生也越来越多。根据欧盟委员会网站上提供的各成员国 2020 年报告显示，为了提高瑞典人的竞争力，瑞典国家教育署在 2012 年受托开发中文课程和教学大纲，并在 2014、2015 学年使用，但不把中文作为现代语言必修课之一来要求；在匈牙利，中文已经成为继英语、法语、德语、意大利语和俄语之后，可供选择的一种外语；在芬兰，学校开设外语的科目也在法语、德语、英语和拉丁语后增加了中文。

由此可见，中文正逐步开始进入欧洲中小学课程大纲，成为越来越多学校可供选择的一门外语。在这个机遇与挑战并存的关键时期，我们应该以教育部中外语言交流合作中心的设立为契机，抓住时机，研究策略，让学习中文、了解现代中国成为一种内在的需求，而非外部的推动；让中文成为增进了解、消除隔阂的桥梁。为此，我们提出以下几点建议。

1. 利用孔子学院搭建的平台，讲好中国故事，让各国人民产生想要了解现代中国的愿望。

中国经过40多年的改革开放，已经进入快速发展轨道。无论是载人航天、跨海造桥，还是高产水稻种植或精准扶贫，中国改革开放以来所取得的成就足以让人叹为观止。我们应该通过现代的、国外读者容易接受的短平快的方式来分享，让他们对中国的了解不仅仅停留在饺子、剪纸、舞狮等传统的文化习俗层面。

2. 依托各孔院加强与欧盟各国企业的合作，对其员工进行"中文＋"培训。在帮助企业员工掌握最基本的中文日常会话技能的同时，有针对性地对学员进行某一领域的商务汉语培训，以减少中外方交流沟通中的障碍。

从中欧经贸关系来看，中国与欧盟互为重要的贸易伙伴，双方经贸合作发展势头良好。2021年是中欧全面战略伙伴关系建立的第18个年头，欧盟已经连续17年稳居中国最大贸易伙伴地位，特别是中欧班列开通后，双方在科技和物流领域的合作收益丰硕。根据中国商务部《2019年1—12月中国与欧洲国家贸易统计表》，中国和欧盟贸易总额高达7051亿美元，远远高出全面战略伙伴关系建立之初时的1252亿美元。如此密切的经贸合作，势必引起各商贸公司和企业对汉语人才需求的增加。教育部中外语言交流合作中心和分布在欧洲的各孔子学院可以进一步加强与欧盟各国教育主管部门和当地各教育培训机构的合作，在欧盟委员会倡导的终身学习的政策框架内，与各企业合作，为其在岗员工量身定制有针对性的"中文＋"项目。这样既可以帮助企业更好地与中国公司进行经贸合作，互利共赢，也可以增强在校学生家长们对孩子学习中文的愿望和热情，倒逼教育主管部门和校董事会考虑学生家长的意愿和市场需求，从而使中文推广工作进入可持续发展的良性循环。

3. 积极尝试与欧盟及其合作机构开展本土中小学中文教师岗中培训，鼓励更多本土教师通过国际中文教师证书考试。

欧盟委员会倡导的终身学习理念、鼓励和强化中小学外语教育的政策以及各种优化教师培训的项目为中文在欧洲的推广提供了机遇。但中文教育能否实现良性循环，进入持续、健康、稳定的发展轨道，在很大程度上取决于是否有足够合格的中文教师队伍作为支撑。无论是新成立的中外语言交流合作中心，还是各孔子学院及其依托的国内高校，均可以各种方式为欧盟及其合作机构提供帮助，在欧盟和各教育主管部门的政策框架内与国内各高校开展全方位的合作，加大对已经在岗的本土中文教师的中文培训力度，积极组织他们参加国际中文教师证书考试，逐步提高本土中文教师语言水平和教学能力。

4. 通过对欧盟在岗中小学专业课教师进行中文培训，鼓励专业课教师用中文进行CLIL专业课教学。

CLIL是欧盟近年来倡导，在澳大利亚和新西兰也被广泛采用的一种教学模式。这一教学方法的主要特点就是使用目的语来教授某一课程的内容，它与"沉浸式情景教学法"和"内容依托式教学"有异曲同工之妙。但这种教学模式能否真正落地推广，一个很重要的因素是各专业课教师的目的语水平是否达标。如将海外中文教师的培训对象扩大到中小学专业课教师，那么，在中欧经贸关系向好发展，CLIL教学理念和方法在欧盟各国被广泛运用的大背景下，我们相信会有越来越多的专业课教师加入学习中文的队伍中，并将中文作为其CLIL中的目的语来进行教学。

5. 协助构建多层次海外中文教师人才结构，进一步完善中文教师派出模式。

由于种种原因，海外本土中文教师已无法满足时代发展的需求。虽然海外志愿者项目暂时有效解决了海外中文教师短缺问题，但也只是权宜之计，其硬伤不容忽视。表现在：志愿者教师因没有当地教师资格证，无法独立授课；他们的任期一般为1—2年，刚刚熟悉环境就面临离任；志愿者教师个人的专业素质、跨文化交际能力、心理素质与心理健康等都对这个岗位在各学校的延续有很大影响。因此，中文志愿者只能作为解决海外中文教师短缺的辅助手段。

因此，要想彻底解决海外合格中文教师短缺问题，就应该有计划、有针对性地培训中文教师，为中小学源源不断地输送合格的中文教师。笔者认为最有效的办法之一就是国内外高校采取联合、双向培养汉语国际教育硕士的模式。即国内高校接受本土中文教师，注重培训中文技能，同时拓展国内汉语国际教育硕士的培养目标，制定"中文＋"培养模式，将获取国外教师资格证作为培养目标之一，为日后在海外独立授课做准备。

此外，国外还有一批年轻的留学人员，他们没有参加高考，直接自费出国留学。因此，无论是他们的语言水平还是跨文化交际能力均不可小觑。如果对愿意留在国外从事中文教学的中国留学生，尤其是学习教育专业的留学生进行专业培训，并鼓励他们参加国际中文教师证书考试，也是解决海外合格中文教师短缺的有效途径之一。

6. 积极探索线上中文教学的新模式，为后疫情时代海外中文推广探索新的思路和方法。

新冠疫情的肆虐在很大程度上改变了传统的线下课堂教学模式，也为海外中文教学提供了新的思路和更加广阔的发展空间。因此我们建议，第一，积极开展针对本土教师的中文培训项目。针对本土中文教师的线上培训项目或许会因为差旅费的节省和集中学习的不便的减少，而变得更加容易组织，参加者或许也会有所增加。因此，我们可以根据需求，组织开展不同时长、不同群体的本土中文教师培训，让更多有意提高中文水平的本土教师加入进来。第二，分布在各地的孔子学院发挥优势，在当地组织线下文化体验活动，形成线上线下联合培训模式，弥补来华培训数量时间受限的不足，为今后大规模开展线上培训积累经验。第三,充分抓住机遇,开发出新的、适用于线上中文教学的资料、软件,让更多的远在千里之外对中文和中国文化感兴趣的外国人能够更加便利地学习中文、了解中国文化。我们应将现代科技手段成为今后海外中文推广工作的一个新思路和发展方向。

结　语

进入21世纪,科技发展日新月异,人员交往日益密切,人们相互学习、相互了解的意愿越来越强烈,欧盟理事会为个人职业发展和经贸往来而不断调整语言政策也显示了它与时俱进的政策导向。我们应该抓住因中国经济发展、中欧经贸往来密切而对中文需求增加所带来的机遇,在欧盟语言政策倡导与鼓励的框架内,调度各方积极因素,为一切有需求的机构、企业和学校提供必要的、力所能及的帮助。我们相信,未来欧盟学习中文的人数会越来越多,中文教育在欧盟大有可为,前景广阔。

注　释

① "外语"是指教学大纲中的外语,与政治无关,因此,一些地区或少数民族的语言也包括在"外语"中。同理,有些古典语言在一些教学大纲中也被称为"外语",与之相对的就是"现代语言"。在一些地方,"第一语言"是指在学校里使用的语言,而其他语言则被称为"第二"或"第三"语言,这常常发生在有两种或两种以上官方语言的国家。
② 文中所提及的欧盟文件均可在欧盟网站上获得。下不赘述。
③ 参见 Barcelona European Council, 15 and 16 March 2002, Presidency Conclusions, part I, 43.1.
④ 为落实欧盟委员会2002年巴塞罗那会议上有关"学校要为低龄学生开设2门以上外语"的要求,欧洲理事会决定对欧盟成员国15岁学生的外语听说读写技能进行调查。此项目名称为 *European Indicator of Language Competence*。
⑤ 本文所提"中文教师"均指在海外中小学任教的中文教师。大学中文教师不在本文讨论范围之内。

参考文献

Commission of the European Communities (1992) *Treaty on European Union*. Luxembourg: Office for Official Publications of the European Communities.

Council of Europe (2001) *The Common European Framework of Reference for Languages: Learning, Teaching, Assessment*. Cambridge: Cambridge University Press.

Council Resolution (1995) On improving and diversifying language learning and teaching within the education systems of the European Union. *Official Journal*, 207, 1—5.

Council Resolution (1997) On the early teaching of European Union languages. *Official Journal*, 1, 2—3.

EEC Council (1958) Regulation No 1 determining the languages to be used by the European Economic Community. *Official Journal*, 17, 385—386.

European Commission (2012) *First European Survey on Language Competences: Final Report*. Bruxelles: Publications Office of the European Union.

European Commission (1995) *White Paper on Education and Training: Teaching and Learning Towards the Learning Society*. Luxembourg: Office for Official Publications of the European Communities.

European Commission (1996) *Education, training, research: The obstacles to transnational mobility*. Luxembourg: Office for Official Publications of the European Union.

European Communities (2003) *Promoting Language Learning and Linguistic Diversity: an Action Plan* 2004—2006. Brussels: Commission of the European Communities.

作者简介

韩曦，北京大学对外汉语教育学院副教授，研究方向为对外汉语教学与汉语在国际上的推广。Email:hanxi@pku.edu.cn。

全国研究生汉语教学微课大赛语法类获奖作品分析

李海燕

北京大学对外汉语教育学院

提　要　本文对第一届至第三届全国研究生汉语教学微课大赛获最高奖的语法类作品进行了分析，发现这些微课在选题、内容选编、教学方法及教师话语等方面存在一些共性的问题，并在此基础上，对汉语教学微课设计制作原则及评价标准进行了讨论。

关键词　微课大赛　汉语国际教育　汉语语法　教学设计

作为多媒体网络时代的一种教学模式，微课制作与教学方兴未艾，有关对外汉语教学微课的评价标准及教学应用也还在探索之中。微课设计与制作是汉语国际教育专业研究生信息化能力培养的重要内容，也是很多研究生进行教学实践和毕业作品制作的选项之一。

2018年起，北京唐风汉语教育科技公司联合高校每年举办全国研究生汉语教学微课大赛，参赛的高校和研究生数量逐年增加，第一届有来自20所高校的500余人参赛，第二届和第三届参赛高校分别约62所和113所，参赛作品分别约592件和1400件。参赛作品种类越来越丰富，影响也越来越大。不少汉语国际教育硕士学位论文选择微课大赛作品作为研究对象，如《留学生初级汉语语法微课设计及教学行动研究》（陈晓宇2019）、《全国首届研究生汉语教学微课大赛初级汉语语法教学过程对比研究》（李建芸2020）、《首届研究生汉语教学微课大赛获奖作品中的教师话语分析》（梁宇彤2020）、《对外汉语教学语法点类微课设计研究》（邓晨雨2021）、《国际中文教育领域研究生获奖微课的教学设计倾向研究》（高若琪2021）、《对外汉语初级阶段语言要素微课设计》（王子冬2021）、《汉国教专业硕士微课教学和制作能力研究》（郁蕊聪2021）以及《初级阶段汉语语法微课教学设计研究》（张思南2021）等。这些研究多是对比获奖作品与未获奖作品的差异，对微课作品教学目标及导入、讲授、操练等环节进行归类比较和量化分析，主要目的是总结获奖微课教学设计具有哪些特征和优点，为后续参赛人员指明方向，如李建芸（2020）指出获奖作品结构层次清晰，练习次数多，使用管理语言的频率高于未获奖作品，获奖选手提出参考性问题的次数以及表扬、纠错、拓展的次数普遍高于未获奖选手；张思南（2021）指出微课导入环节以真实情景视频呈现，讲授操练环节运用直观法、图片法和情景法获奖概率最大，因为情景法直观、生动、趣味性强，能够激发学生学习热情。

可见，获奖作品已经成为研究生进行微课设计与制作的一个标杆，其教学思路和模式会对研究生微课制作产生很大的影响。上述研究已经总结了很多获奖微课的优点，但仍多基于线下课堂的评价标准，如教师的管理语言、参考性问题及反馈的次数等，这些标准可能对于微课来说并不适用，因为微课不需要管理课堂，也无法对学生即时反馈。另外，一些研究结论过于抽象概括，多关注表面形式，不够具体深入。并不是拍了实景视频就能够体现情景化教学，教学效果好坏的关键也并不在于用了哪种方法，而在于这种方法用得怎么样，如果情景设计得不好，超纲词很多，效果并不一定就好。因此，深入分析获奖作品的特点尤其是存在的问题有助于加深研究生对于微课的认识，进一步提高微课作品的质量。

这些获奖作品作为参赛作品的优秀代表，是否充分发挥了微课的特点？存在哪些主要问题？如何改进微课评价标准，引导研究生制作更有实用价值的微课作品？这是本文要探讨的主要问题。

本文以第一届至第三届全国研究生汉语教学微课大赛获得最高奖的语法类微课作品为研究对象，将微课视频内容全部转写为文字，采用 Nvivo12 软件对获奖微课的特点及存在的问题进行编码分析。

一　微课大赛评奖标准及获奖语法类微课作品概况

关于微课的评价指标，蒋咏华（2014）具体列出了针对微课视频作品的内容和结构评价标准，包括完整度、时间控制及清晰度等技术指标、选题的价值、教学组织与设计、教学方法和手段、教学目标完成情况和教学特色、教师的风采以及观众用户的认可度等。

微课大赛作品还没有上传网站用于实际教学，因此观众用户点击率、认可度和忠诚度等指标无法考量[①]。大赛评审标准除了视频时长、图像清晰度外，主要包括以下指标：在选题上，应围绕日常教学或学习中常见、典型、有代表性的问题或内容进行设计，能够有效解决教与学过程中的重点、难点、疑点问题；在教学内容上，要注重实效，内容的组织与编排要符合学生的认知逻辑规律，明了易懂；在教学活动设计上，要符合学生自主学习、方便教师教学使用的目标，通用性好，交互性强，深入浅出，精彩有趣，启发引导性强，有利于学生学习积极性和主动性的提升；总体上，微课应构思新颖，富有创意，类型丰富（讲授类、解题类、答疑类、实验类、其他类）。

首届全国研究生汉语教学微课大赛设置了一、二、三等奖，第二届开始增加了特等奖、团体赛及系列微课制作,选题包括语言知识及技能类和文化类,其中语法类微课作品最多,首届7个一等奖作品中有5个是语法类,第二届个人赛3个特等奖中有2个是语法类。因此,本文选取前三届大赛中国学生个人赛获得最高奖的语法类微课作为研究对象[②],共9个,包括首届一等奖5个,第二届特等奖2个,第三届特等奖2个,具体情况见表1。

表1 第一届至第三届全国研究生汉语教学微课大赛获最高奖的语法类微课作品

编号	语法点	时长	主要教学内容
A	方位词	7分17秒	S1+在+S2+的+前面/后面/左面/右面
B	存现句"动词+着"	7分29秒	位置/处所+V+着+名词
C	结果补语	7分	V+V/adj.+了;没/没有+V+V/adj.
D	表目的的连动句	6分30秒	S+去/回+place+做什么(purpose)
E	一边……一边	7分34秒	S+一边+V1+一边+V2; S+(adv.)+一边+V1+(O1)+一边+V2+(O2)
F	"是……的"强调句	9分28秒	S+是+时间/方式/对象+V(+O)+的
G	"的"字短语	7分21秒	N./Adj./V./Vp./Pron.+的
H	可能补语	9分22秒	V+得/不+C;S+V+得+C+吗? V+得+C+V不+C?
I	强调句"是……的"	8分39秒	S+是+时间/方式/地点+的+(O)

二 获奖微课作品分析

9个获最高奖的语法类微课作品均为讲授类,视频时长6—10分钟,录制方式均为"PPT+教师出镜讲授",结构和教学流程都比较完整,基本上都包含导入、讲解、操练、作业等环节,多结合图片或者自拍的视频进行讲练,并通过展示语法点结构式对语法点进行演绎或总结,教学理念和教学方法多是句型操练模式。

这些共同点有的是微课大赛的要求和评审标准,如大赛评审标准中对作品规范的明确要求是微课视频时长6—10分钟,教案的教学环节要完整,教学课件(PPT)排版要考虑出镜教师的站位,教学呈现方面要求教态端正,互动自然,与学生(镜头)有眼神交流等。这些技术指标方面的要求都比较明确,获奖微课也都做得非常好,图像、声音、字幕都很清晰规范,教学目标明确,层次分明。获奖微课的这些优点应该保持发扬,但根据本文基于微课大赛评审标准使用Nvivo12软件对教学内容的编码分析结果(见表2),获奖微课也存在一些共同的问题。如表2所示,教师对假想的学生进行"虚假评价"在8个获奖微课中都大量存在,参考点数量最多,达68个,这些"虚假评价"多是教师在提问之后,对假想学生的"回答"进行表扬:"非常棒!大卫说得非常好。"

表2　9个获奖微课作品编码分析结果

编码节点	微课数	参考点数	编码节点	微课数	参考点数
虚假评价	8	68	布置作业	7	7
虚拟互动—自问自答	9	42	虚拟互动—提问导入	5	5
句法形式讲解	9	41	重放视频	4	4
看图句型操练	9	39	导入—图片+画外音	2	2
情景例句—句型转换	8	39	组句练习	2	2
虚拟互动—看图提问	8	37	学词语	1	1
虚拟互动—跟读句子	4	23	说明语用	1	1
话语冗余	8	18	复习旧课	1	1
看视频提问	6	15	看图说话—分组练习	1	1
重现复习例句	7	7			

基于表2的编码分析情况,下面着重从微课选题与教学内容编排、教学方法、教师话语这几个方面对获奖微课作品存在的主要问题进行分析,探讨微课作品能否满足学习者需求,是否体现了微课特点并达到了教学目标。

2.1 选题与教学内容编排

按照《国际中文教育中文水平等级标准》中的"语法等级大纲"(简称"语法大纲"),表1中9个获奖语法类微课作品选题均为初等语法点,其中有两个作品选题为强调句"是……的",选题范围相对较窄。分析这9个微课选题与教学内容编排,主要有以下一些问题。

一是有些作品选题并非教学重难点问题,典型性不足。

例如微课A"方位词","语法大纲"中"方位词"这一语法点之下列了"上、下、前、后、左边、右边"等十多个单双音节方位词,根据方位词习得研究成果,汉语学习者对于方位词的意义和简单句式掌握并不困难,难点是单双音节方位词与名词组合时的用法(李清华1980),但微课A用了7分钟时间只讲练了4个简单方位词及句式"S1+在+S2+的+前面/后面/左面/右面"。再如微课D"表目的的连动句"。"语法大纲"中列了两类连动句,第一类是表动作先后发生,如"他开门出去了";第二类表示后一动作是前一动作的目的,如"他去超市买水果""我来中国学中文"。从汉语语法本体研究角度来说,连动句是很重要的一类句式,语义分类也很多很细,但从汉语作为第二语言习得角度来看,

"来/去+V2"的意义和句式习得比较容易,偏误率不高。微课 D 教学内容是"S+去/回+place+做什么(purpose)",也并非教学中的重点、难点或疑点问题。微课制作从准备到录制需要很多时间和精力投入,选择偏误率较高的难点、疑点问题作为教学内容,才能更好地体现微课的价值。

二是选题虽是重难点问题,但教学内容选编上重点不够明确,针对性不强。

一种情况是语法点包含的内容较多,微课选择其中哪部分内容进行教学理据不足,有一定的随意性。例如微课 F 和 I 选题均为"是……的",两个作品分别选择了"强调动作的时间、方式、对象"和"强调动作的时间、方式、地点"作为教学内容。在"语法大纲"中,"是……的"句不仅强调时间、地点、方式、对象,还有目的和动作发出者。制作者可能出于微课时长的考虑,只选取其中部分内容,但选取的理据不足。作为精心制作的微课,应基于相关研究成果确定哪些内容最常用,哪些内容先教,哪些内容集中呈现,以便更好地促进学习者对该语法点的习得。

另一种情况是有些微课追求语法系统上的完整性,讲练语法点时面面俱到,平均用力,没有突出汉语作为第二语言教学的疑难点,孤立地只讲这一个语法点,没有将目标语法点与汉语学习者易混淆的其他语法点区别开来。例如微课 H 讲了可能补语的肯定式、否定式和两种疑问式,却没有涉及学习者在初次学习可能补语时最大的疑问即"可能补语"和"能"的区别。再比如微课 E 讲"一边+V1+一边+V2"后,特别讲了加"常常、喜欢"的句子"S+(adv.)+一边+V1+(O1)+一边+V2+(O2)",而对学生最常见的偏误和疑问避而不谈,如学生往往不清楚该句式中动词的持续性、伴随性特征,会说出"能一边见到你们又能一边帮助你们"这样的偏误句,还容易混淆"一边……一边"与"又……又""……着"等句式。

三是在教学内容选择和安排方面,过于强调表层结构形式,对语义、语用、语篇层面的内容关注不多,信息量不足,往往将简单的问题复杂化,或将复杂的问题简单化。

例如微课 G 讲"的"字短语,只强调了不同词性加"的"的句法形式:"我们来总结一下刚刚学习的内容,我们学了裙子是红色的,红色的,是名词加'的',这几本书是新的,新的,这是形容词加'的',穿红裙子的是小玉,穿红裙子的,这是动词或动词性短语加'的',这个苹果是我的,我的,这是代词加'的'。把它们总结一下,也就是名词、形容词、动词或动词性短语还有代词,都可以加'的',组成'的'字短语。"且不说该微课的初级学习者能否听懂有关词性的语法术语,就从"的"字短语的二语教学角度来说,应与学生之前已习得的名词前加"的"的表达联系起来,说明"的"后的名词可以不说,用来指代名词,同时给出带有上下文语境的例句如"我的书丢了,可以看你的(书)吗?""明天去公园玩儿,我买了一些吃的(东西)、喝的(东西)"。当然从本体研究角度来说,不同词性加"的"构成"的"

字短语能否省略名词还有一些条件,但对于刚接触这一语法点的初级学习者来说可不必详细说明省略条件,只需将新知识点与旧知识点建立起语义和语用的联系,就可以帮助学生更容易地掌握新的语法点。微课 G 只是详列目标语法点句法形式,没有注重语法系统间的联系,把简单的问题复杂化了。

再如微课 F 导入环节通过动画配音"这是尼克,去年他从乌兹别克斯坦来到了北京,来北京后他去了哪些地方?是什么时候去的?是和谁去的?又是怎么去的呢?你想知道吗?"来激发学生兴趣,教师话语中说的是"是……的"句式,但 PPT 画面呈现的是省略了"是"的问句,在后面讲练过程中完全没有涉及"是"省略的情况,这不但容易给自学微课的学生带来困惑,而且忽略了实际语言运用中"是"常常省略的情况。教学中这样不严谨的细节看起来似乎是小问题,但对于录制的微课来说有可能是把复杂的问题简单化了。

总结起来,研究生在语法类微课选题及内容选编方面更多考虑的是汉语语法体系和句法形式,对学习者习得难点以及语义、语用、语篇层面缺乏足够的关注。表 2 编码数据显示,"句法形式讲解"的参考点数达 41 个,而"说明语用"的参考点数只有 1 个。这些问题不仅存在于教学内容的编排中,也体现在微课教学方法上。

2.2 教学方法

微课作为录制好的单向的教学视频,无法像线下传统课堂那样可以让师生随时进行面对面互动,微课教师只能根据假想的教学对象来组织教学内容,因此,以往基于传统课堂的很多教学方法并不适用于微课,需要调整。

9 个语法类微课的教学思路基本上都是围绕语法结构式进行反复操练,即首先明确语法点,然后讲解语法点意义,展示语法结构式,结合图片或动画视频进行句型操练,最后再次总结语法点意义和结构式,布置作业。表 2 显示,"句法形式讲解"和"看图句型操练"这两个编码节点是全部 9 个微课中参考点数都较多的,其覆盖率百分比如图 1 和图 2 所示。

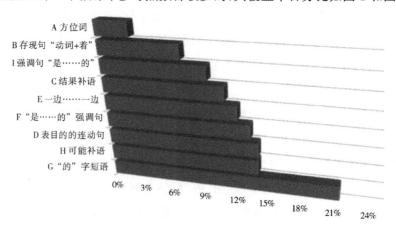

图 1 编码节点"句法形式讲解"在 9 个微课中的覆盖率百分比

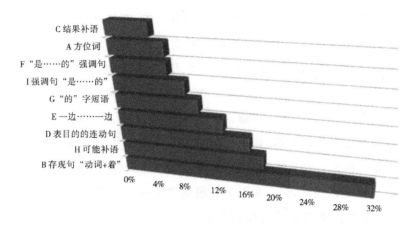

图 2　编码节点"看图句型操练"在 9 个微课中的覆盖率百分比

分析获奖微课的教学方法，主要有以下两方面的问题：

一是简单模拟线下教学互动方式，未能发挥微课短小精练、单向自主学习的特点，教师用语冗余，虚拟互动，占用了大量时间，降低了微课学习效率。

获奖微课用得最多的讲解方法是句型转换，如："我们来看这个句子，大卫和老师去图书馆了，用'是……的'句该怎么说呢？很好！一起说，大卫是和老师去图书馆的。""这儿有两条裙子，红色的裙子长，黄色的裙子短，我们可以说，红色的裙子是长的，黄色的裙子是短的。"这种简单的句型转换，不利于目标语法点的掌握，因为没有基于典型语境和上下文让学生了解两个句型在语用上的差异，很容易造成学生困惑：什么时候说"大卫和老师去图书馆了"，什么时候说"大卫是和老师去图书馆的"呢？为什么要说"红色的裙子是长的"，不说"红色的裙子很长"呢？

句型操练是传统课堂最常见的练习方法，主要目的是促进学生语言输出，加深学生对句型的印象，增强表达的流利度和熟练度。但在微课中，教师是听不到学生回答的，如果还是按照传统课堂的操练方式，只能是教师自问自答，就达不到操练的目的，实际上是变成了以操练的方式给例句。例如微课 A：

教师：同学们看这幅图（微课 PPT 呈现衣柜和沙发图片），你们看，衣柜在哪儿？沙发在哪儿？好，大卫，你说一下。大卫说得非常好，来，其他同学跟着老师一起说，衣柜在沙发的左面，沙发在衣柜的右面。

既然是给例句，就不如采取其他适合微课的方式直接给，相比模拟操练可以更好地节省教学时间，提高微课教学效率。

二是获奖微课过于侧重语法结构式，对词语教学重视不足。在语料呈现和讲练时割裂了句法和词语的关联，有骨无肉，在用词的典型性和难度控制方面都有待完善。

对于第二语言教学来说，不能抽象、孤立地教授语法框架和规则，应该注意从意义到形式,将抽象的语法落实到学生比较熟悉的具体情境中,在描述情景和给例句时注重已学词汇的重现,可以更有效地帮助学生理解目标语法点,构建二语系统,提高语言能力。例如微课B"存现句'动词+着'"所给例句中共出现了10个动词"杯子里泡着茶、窗户上贴着红双喜字、黑板上写着菜单、床上躺着一个人、桌上放着两个苹果、路边停着一辆车、桌子上摆着全家照片、书上画着一只猫、墙上刻着棋盘和汉字、墙上挂着一幅画",根据《国际中文教育中文水平等级标准》词汇大纲,这10个动词中"写、放"是一级词,"停、画"是二级词,"挂"是三级词,"贴、摆、躺"是四级词,"刻"是五级词,"泡"是六级词。对于初级学习者来说,尽管配有图片,但一半以上的超纲词无疑加重了学习负担。同时,各例句之间缺乏语义上的联系,都只是通过单句在展示句型。应充分利用语义关联的一组动词来凸显"动词+着"存现句的表达重点以及与"有"字句的区别,如用图片或视频展示一个房间内有六个人,三个人坐着,两个人站着,一个人躺着,然后呈现例句:房间里有六个人,桌子旁坐着三个人,门边站着两个人,床上躺着一个人。

2.3 教师话语

获奖微课模拟传统课堂句型转换操练的教学方法,也导致微课教师话语存在以下一些问题。

一是虚拟互动和虚假评价导致教师话语冗余。

由于微课教师并不是真的面对学生讲授,也听不到学生的回答,要模拟传统课堂师生面对面互动教学,就只能是虚拟互动。传统课堂中教师会对学生的回答进行积极反馈或更正性反馈,在微课中虚拟反馈也就成了虚假评价。前文表2显示"虚假评价"和"虚拟互动"在获奖微课中的编码参考点数都很多,如下面画线的教师话语:

微课A教师:现在你们能告诉老师桌子在哪儿?椅子在哪儿了吗?好,艾伦说一下,嗯,艾伦说得非常好!艾伦说,椅子在桌子的后面,桌子在椅子的前面。他说得对不对呀?对,他说得很对!

微课E教师:好,第一句,刚才我们走着的时候在聊天儿。啊,我听到同学说,我们一边走着一边聊天儿。非常棒!大家一起读,我们一边走着一边聊天儿。

微课I教师:中秋节和国庆节我们一共放了八天假,大家玩得开心吗?啊!非常开心!那你们都去了哪儿呢?

微课C教师:上节课我们学习了"也",你还记得吗?我们一起复习一下上次的例句。

这些虚拟互动和虚假评价对于自学微课的学生来说既没有意义,也可能会让学生失去耐心。学生看微课自学就像我们观看短视频学做菜一样,更喜欢直奔主题,在最短的时间内获得所需的内容。另外,每个微课是相对独立的,学生学习微课的顺序和时间是灵活的,并不像传统线下课堂那样前后课之间有那么明确的顺序,因此像聊天式导入、复习、参考性问题提问及分组活动这样的虚拟互动在微课中非但起不到线下互动那样的作用,而且占用了很多时间,降低了微课的教学效率。微课的学习者是独立自主学习,注意力很难保持,因此微课最大的特点就是短小精练。微课在美国北爱荷华大学刚出现时被称作"60秒课程",1分钟的时间要求微课最大程度地提炼精华,去除一切冗余的内容。学生在观看微课时可以随时暂停回放,只要内容适合学生水平,就不用担心内容凝练会增大认知压力。

二是语法术语和超纲词语过多导致教师话语不符合学习者汉语水平。

微课是精心录制的课程,教师话语应更加简明精确,避免语言输入超出学习者水平。尽管有的微课配了翻译,但作用有限,因为微课学习者并不固定,翻译不能完全解决教师话语过难的问题。要尽量吸引更多学生,获奖微课在教师话语难度控制方面还有待提高,例如:

> 微课 H 教师:"我们来看,看清,听懂,这两个词是我们以前学习过的<u>结果补语</u>,那和我们今天要学习的<u>可能补语</u>有什么关系呢?下面我们一起来学习一下。<u>在结果补语前加'得'表示结果可以实现</u>,杰克坐在教室的第一排,离屏幕很近,所以他看得清屏幕。<u>在补语前加'不'表示结果不能实现</u>。唱京剧的台词不是普通话,所以杰克听不懂京剧。<u>可能补语就是表示结果能否实现</u>。"

获奖微课作品在教学内容、教学方法和教师话语方面的问题反映出汉语国际教育专业研究生对汉语作为第二语言的语法教学原则的认识还不够清晰。对外汉语语法教学应从意义到形式而不是从形式到意义,不仅是分析的语法更是组装的语法,不仅是描写的语法更是讲条件的语法。(赵金铭 1994)这些原则不管是传统课堂还是微课都应该遵循。

三 思考及讨论

为了更好地突出微课区别于线下课堂的特色,基于以上对获奖微课的分析,本文对汉语教学微课设计制作及评价标准有以下几点思考。

3.1 微课语言输入应重于输出

线下传统课堂非常注重学生的语言输出,强调采取多种师生互动和生生互动方式以加大学生开口率,但微课没有师生和生生之间实时互动的条件,且时长十分有限,因此微课的教学重点要从输出转移到输入上来,提高输入的效率,把输出的任务交给课后作业或者翻转课堂的实时互动教学中去。微课输入的过程相当于一个视听的教材,微课制作者要像编写教材一样在输入材料的真实性、适当性、针对性、生动性上下功夫。选题应有价值,教学内容和设计首先应符合第二语言教学原理,充分考虑学习者的需求和习得特点,知识点要经过认真研究进行提炼整合,把复杂的问题讲得简单,而不是把简单的问题搞复杂。对于微课来说,教学内容比教学方法更重要,微课制作者要真正仔细考虑的是语法点内容选择编排、情景和例句的精心设计。微课虽然时间短,但不意味着信息量少,不管是微课还是正常线下课堂都要注意教学效率,微课尤其要注意效率,因为学生可以暂停回放。

3.2 加强输入材料与学生的互动

微课无法直接师生互动,也无法像线下教学那样教师可以随时解决学生遇到的疑难,因此不必强调师生互动,应探索多种方式加强输入材料与学生之间的互动,如通过图片、短视频、文字展示典型语境,来体现交际性;严格控制词语难度,设计文字、语音等多种练习形式,调动学习者听、说、读、写各种技能,给学习者提供类型丰富的附加材料,以保证自主学习的兴趣和效果。

3.3 调整微课评价标准

要促进微课的多样化和实效性,就要对微课评价标准做出相应调整。不必强调表面形式如6—10分钟的时长,应尽量短小,如果3分钟能够完成教学内容,就不需要5分钟。

微课形式是多样的,教师可以出镜,也可以不出镜,可以用PPT配合教师主讲,也可以用实况录像或动画,还可以采用可汗学院式等,具体采用哪种方式制作微课,取决于教学内容和教学对象的需求。教师出镜的微课可以将教师教态仪表作为评价标准,但同时也应该鼓励教师不出镜的微课制作。

微课常是作为翻转课堂的一个部分,往往是需要配合线下课堂完成整个教学过程,因此不必像衡量线下课堂那样强调微课教学环节的完整性,更重要的是看教学内容的选取和编排能否满足学习者习得需求,是否高效地解决了某个习得重难点问题。

四 结语

本文对第一届至第三届全国研究生汉语教学微课大赛获最高奖的语法类作品进行了分析,发现这些微课作品在选题、内容选编、教学方法及教师话语等方面存在一些问题。其中有些问题如教学内容选编对习得难点关注不足等是线上线下教学中都应该避免的,这说明研究生对于汉语教学语法的认识还存在不足。有些问题如教学方法照搬线下课堂进行虚拟操练等是没有充分考虑到微课特征,还需要进一步探讨微课的设计和制作原则。

微课大赛评审标准虽然已经包括了选题典型性、教学的实效性以及微课类型丰富有创意等指标,但由于时长和教师出镜教态等的具体要求以及往届获奖作品的示范作用,使得参赛微课作品的思路和类型比较趋同,作品实效性还有很大的改进空间,建议微课大赛去除一些硬性指标以鼓励研究生在微课制作中勇于创新,丰富微课类型。

注 释

① 近两年部分参赛微课作品已被参赛者用于翻转课堂等实际教学,但基本上都是小范围的教学实践。
② 前三届微课大赛语法类作品中系列微课和线上课堂实录,课程性质及内容含量与单个微课作品不同,不在研究范围。

参考文献

陈晓宇(2019)《留学生初级汉语语法微课设计及教学行动研究》,广西民族大学硕士学位论文。
邓晨雨(2021)《对外汉语教学语法点类微课设计研究——以汉语教学微课大赛获奖作品为例》,北京外国语大学硕士学位论文。
高若琪(2021)《国际中文教育领域研究生获奖微课的教学设计倾向研究》,北京外国语大学硕士学位论文。
蒋咏华(2014)高校微课建设问题及其对策研究,《中国现代教育装备》第23期。
李建芸(2020)《全国首届研究生汉语教学微课大赛初级汉语语法教学过程对比研究》,西北师范大学硕士学位论文。
李清华(1980)外国留学生在方位词使用上的几个问题,《语言教学与研究》第1期。
梁宇彤(2020)《首届研究生汉语教学微课大赛获奖作品中的教师话语分析》,中央民族大学硕士学位论文。
王子冬(2021)《对外汉语初级阶段语言要素微课设计》,哈尔滨师范大学硕士学位论文。
郁蕊聪(2021)《汉国教专业硕士汉语微课教学和制作能力研究——以首届唐风汉语微课大赛获奖作品为例》,上海外国语大学硕士学位论文。
张思南(2021)《初级阶段汉语语法微课教学设计研究——以第二届"全国研究生汉语教学微课大赛"作品为例》,西北师范大学硕士学位论文。
赵金铭(1994)教外国人汉语语法的一些原则问题,《语言教学与研究》第2期。

作者简介

李海燕,北京大学对外汉语教育学院副教授,研究方向为对外汉语教学。Email:lihaiyan@pku.edu.cn。

ABSTRACTS

LI, Dasui: Research on the Philological Classification of Modern Common Chinese Characters

The teaching of Chinese characters needs to understand the rationale of Chinese characters, which is closely related to the method of Chinese word building. Based on the traditional theory of Six Categories of Chinese Characters, the article classifies modern common Chinese characters in philology. The first part describes the significance, theoretical basis, principles and methods of this research; the second part displays the results of the philological classification of modern common Chinese characters in the form of data tables; the third part is a further analysis of the data provided in the philological classification table of modern common Chinese characters.

Key words: modern common Chinese characters, philology, classification, Six Categories of Chinese Characters, rationale, the teaching of Chinese characters

GONG, Xue & JI, Chuanbo: A Study of Sentences with Dummy Verb *Jinxing*(进行) in Chinese Research Articles

According to Hopper & Thompson(1980) transitivity theory, this article investigates the transitivity, discourse function, and event elements extraction of sentences with the dummy verb *Jinxing*(进行) in Chinese research articles. It is found that style and discipline restrict the specific use of sentence patterns. In academic style, sentences with the dummy verbs *Jinxing*(进行) show low transitivity, encode foreground information, and often extract five elements of action, behavior, object, subject, and mode from the abstract action events. Compared with soft disciplines, hard disciplines have higher transitivity, are inclined to encode prospect information, and have more robust objectivity.

Key words: academic Chinese, sentences with dummy verb, transitivity, discourse functions, subjectivity, distribution in discipline

WANG, Lu & YAO, Zhaopu: Acoustic Analysis of Triphthong of Chinese Learners and Native Speakers' Assessment Experiment

This study conducted acoustic analysis and native speakers' assessment experiment of triphthong samples in GAC corpus. Acoustic analysis found that in the duration domain, all learners have a tendency to equal length of each component; in the frequency domain, some learners have deviation on target, offset and overall lack of movement. Native speaker assessment experiments show that duration and frequency information have different degrees of influence on the accent perception of learners with different native language backgrounds, and the influence of frequency on speech intelligibility is more than that of duration, which is related to the fact that duration does not have the phonemic function in Chinese phonology.

Key words: triphthong, Chinese, acoustic analysis, accentedness, intelligibility

LI, Hongyin: How to Better Deliver Chinese Language and Stories of China: The Teaching and Researching of Language Elements in the Era of International Chinese Education

The teaching of language elements is the core content of Teaching Chinese as a Foreign Language(TCFL) in current China. The history of the development of TCFL in current China is also the history of the teaching and researching of Chinese language elements; in the era of international Chinese education, it is still necessary to further improve the teaching and researching methods for Chinese language elements, in order to better deliver Chinese language and stories of China. The aspects that need special attention in the new era are that the teaching and research of language elements should be more "pedagogical", "narrative" and "refined", and the outcomes of teaching and researching should be "resourced", in order to better inherit the tradition, and be more pioneering and innovating.

Key words: international Chinese education, language elements teaching and research, pedagogical, narrative, refined, resourced

ZHOU, Mengyuan & ZHENG, Yanqun: Research on the Empirical Model of Structure and Process of Chinese Writing Teaching

Based on the standardized writing teaching record database, this study systematically describes and calculates the practice of writing teaching components, structures and processes, so as to build an empirical model of writing teaching structure and process and analyze its characteristics. The main results are reflected in three aspects. First, the component system formed by the top layer, the middle layer and the micro layer is established. Second, the empirical model of the internal structure and process of the middle layer and the micro layer under the top three links is constructed. Third, the empirical model of the structure and process of the middle layer and the micro layer between the top three links is constructed. The results of this study can provide a reference for the practice of writing teaching, promote teaching reflection by comparing with the theoretical model, and provide a basis for the design of writing moocs and the teaching unit of micro-course of writing teaching.

Key words: writing teaching, structure, process, empirical model, analysis of teaching

LIU, Xiaonan: Interactive Teaching and Autonomous Learning: The Attempt of CANVAS + Flipped Classroom Model

This article introduces the practice of using the CANVAS system to implement flipped classrooms under fully online conditions in advanced Chinese courses, and clarifies the teaching design concept. Through teaching observations and interviews with students, discuss the feasibility of this teaching model and students' acceptance, and summarizes the lessons to provide reference for further improvement of teaching.

Key words: CANVAS, flipped classroom, interactive, self-directed learning, online teaching

XIN, Ping: Analysis of the Introduction Chapters of the Academic Papers by Teaching Chinese to Speakers of Other Languages Students

Academic papers have strong conventionality in writing and strong homogeneity in structure. The introduction of academic papers includes three major communicative functions: establishing a territory, establishing a niche and occupying the niche. This paper analyzes the introduction of thirty students' academic papers, analyzes the move structure and the content of move from the micro level. The study found that establishing a territory in the introduction of students' academic papers is a strong move, which appears more often, but the number of reviewing items of previous research is less; compared with the introduction of experts' academic papers, the introduction move structure of students' acdemic papers is incomplete, especially in establishing a niche. We find that there are some problems in the introduction of students' academic papers, such as raising questions instead of establishing a territory, the lack of evaluation of previous research, and the lack of logical correlation between the moves of the introduction. The research conclusion shows that students should strengthen the study of academic paper writing norms.

Key words: academic paper, introduction chapter, move structure, writing

LI, Li: The Value Position of Master of Teaching Chinese to Speakers of Other Languages Cultural Degree Theses Topics Selection

The cultural degree theses of Master of Teaching Chinese to Speakers of Other Languages has their own disciplinary value and applied research value, but the quantity and quality of relevant topics and research need to be further improved. In this regard, tutors and students need to uphold an objective and confident professional position, establish positive research confidence, adopt an inclusive research attitude, and strive to explore the universal value and unique significance of Chinese culture from a cross-cultural perspective, so as to "turn corruption into magic" for some untimely phenomena in traditional culture, and explain the historical value and desirable spirit of relevant stories. Tutors themselves should also give full play to their academic expertise, expand and improve their teaching and research and guidance ability for cultural degree theses.

Key words: Master of Teaching Chinese to Speakers of Other Languages, cultural degree theses, value position

GUO, Suqin; HAN, Jianrong & GONG, Xue: Investigation and Research of the Topic Selections and Research Methods of Master's Degree Theses for Teaching Chinese to Speakers of Other Languages Students: An Analysis of the Topic Selections of Professional Master's Degree Theses in the School of Chinese as Second Language of Peking University in Recent Five Years

Based on the *Standards for Teachers of Chinese to Speakers of Other Languages*, this paper analyses Master of Teaching Chinese to Speakers of Other Languages degree theses from 2017 to 2021 in the school of Chinese as second language of Peking University, classifying the topic selections and research methods at the first, second and third levels, making a detailed inquiry into the changing trend in the past five years.

From the perspective of topic selections, the basic teaching topic accounts for nearly half, and the teaching organization management topic takes up about one quarter. The topics of teaching methods, professional ethics and professional development, Chinese culture and cross-cultural communication are obviously insufficient. From the perspective of research methods, most degree theses adopt empirical research, and more than half of them are quantitative research. In addition, one third of theses adopt mixed research with quantitative and qualitative methods. Based on the current situation, the topic selections and research methods of Master of Teaching Chinese to Speakers of Other Languages degree theses need to be further adjusted and deepened.

Key words: Master of Teaching Chinese to Speakers of Other Languages, degree theses, topic selection, research method, diachronic trend

LIU, Lixin: The Construction of Multidimensional Teaching Resources Based on the *Chinese Proficiency Grading Standards for International Chinese Language Education*

The implementation of the *Chinese Proficiency Grading Standards for International Chinese Language Education* (abbre. *Standards*) provides a clear direction for the development of Chinese language education. The "three levels and nine bands" divided by the *Standards*, conforms to the practical requirements of Chinese language education and offers concrete and explicit criteria and refenrence. The construction of multidimensional Chinese language teaching resources in the future could inherit the well-structured conventions of the compilation of Chinese language textbooks in our country, fully utilizes the quantitative criteria and topic tasks, and further selects and optimizes teaching resources and materials with the assistance of advanced technology. In the construction of multidimensional textbook and development of supporting teaching materials based on the *Standards*, it is necessary to grasp the characteristic of high language context culture in Chinese language teaching, and pay specific attention to relevant and authentic materials that can sufficiently represent common language context. It is important to allow the learners to immerse in the multilayered context of occasion and culture in order to maximize the teaching effect, further increase the efficiency of Chinese language teaching and learning.

Key words: The *Standards*, teaching resources, multimodality, language context, authentic materials

LIU, Zhenping; REN, Shuhua & LI, Qianying: A Biref Discussion of the Innovation of Grammatical Content of Chinese Textbooks in Singapore Secondary Schools

In terms of grammar content selection and arrangement, Singapore's 2011 version of secondaryschool Chinese textbooks have the advantages of flexibly handling grammar content according to the different language levels of the subjects, focusing on the combination of grammar teaching and language communication. However, it also shows that the impact of English on Chinese grammar learning has not been fully valued. The grammar system constructed by the textbooks is not enough to meet the needs of teaching, and its role in improving learners' language generation ability is limited and so on. In order to adapt to the transformation from Chinese teaching in Singapore to second language teaching, the authors of the new textbooks should refer to the teaching syllabus of Chinese as the second language developed by China and develop the Singaporean Chinese teaching grammar syllabus. On this basis, actively refer to the results of error analysis in recent years to determine the grammar points and contents of the textbooks. At the same time, the teaching should be appropriately combined with the examination.

Key words: Singapore, secondary school Chinese, textbooks, grammatical content, innovation

HAN, Xi: The Development of Multilingualism in European Union and the Strategies of Chinese Language Promotion Overseas

Since the founding of the European Community, the diversity of its language and culture has been emphasized, and multilingualism is the language policy it implements. The European Commission believes that mastering foreign language skills can help eliminate barriers between countries and enhance mutual understanding between peoples, so it encourages people to learn at least two foreign languages from an early age and has issued a series of action plans and supporting measures. With the acceleration of global economic integration, the European Union's language policy keeps on adjusting by advancing with the times. The purpose of its policy formulation has also changed from the human rights and legal aspects to the career development of individuals and the economic and trade cooperation between countries. With the increasingly close economic and trade relations between China and Europe, the number of people learning Chinese has begun to increase, and the promotion of Chinese in Europe is facing unprecedented opportunities and challenges. Strengthening cooperation, expanding the scope of local Chinese teacher training, constructing multi-level local Chinese teacher structure and domestic Chinse teachers' dispatch mode, and expanding the training of Master of Teaching Chinese to Speakers of Other Languages will be an effective way to promote Chinese language overseas.

Key words: European Union, language policy, promoting Chinese language, opportunity and challenge

LI, Haiyan: Analysis of Grammar Teaching Prize-winning Works in National Postgraduate Chinese Teaching Micro-course Contest

This paper analyzes Chinese grammar teaching works that won the highest prize in the three National Postgraduate Chinese Teaching Micro-course Contests, and finds that these micro-courses have some common problems in topic selection, content selection, teaching methods and teacher discourse. On this basis, the design and production principles and evaluation standards of Chinese teaching micro-course are discussed.

Key words: Micro-course Contest, Teaching Chinese to Speakers of Other Languages, Chinese grammar, teaching design

《汉语教学学刊》稿件体例

1. 稿件请用微软简体中文版 WORD 编辑。题目用小二号宋体,作者署名用四号仿宋体,正文用五号宋体,提要、关键词、注释和参考文献用小五号宋体,其中"提要""关键词"本身用小五号黑体,"注释""参考文献"本身用五号黑体。题目、作者名、提要、关键词的英译以及作者电子邮箱地址都用 Times New Roman 字体,题目、作者名的英译用 12 号,其余用 10.5 号。关键词之间用逗号隔开。正文行距为 1.15 倍。页边距为常规格式(上、下 2.54cm,左、右 3.18cm)。

2. 如有通信作者,用首页脚注形式,作者名后加上标*;包括通信作者的电子邮箱、邮政编码、联系地址;用小五号宋体,英文和汉语拼音均用 Times New Roman 字体,如:通信作者:王×× wangsxx@sina.com 100871 北京市海淀区颐和园路 5 号 北京大学对外汉语教育学院。

3. 如有课题/项目,用首页脚注形式,文章标题后加上标*,注明课题的类别、名称及编号。如:*本研究为国家哲学社会科学基金一般项目"中国大学生跨文化能力综合评价研究"(10BYY091)的阶段性成果;名称用小五号宋体;括号及编号均用 Times New Roman 下的格式。

4. 正文第一级标题用小四号黑体,上下各空一行,标题序号用"一、二、三……"。第二级以下小标题用五号宋体加黑,节次可按如下格式编号:1.1、1.1.1、1.1.2;1.2、1.2.1、1.2.2,余类推。本刊只接受三级以内的小标题。

5. 例句独立列出者,用楷体,行首空两格,回行与首行序号之后的文字对齐;序号加圆括号,如:(1)(2)……;全文例句连续编号。

6. 文中若有图表,请在图表上方或下方用小五号黑体字注明序号及名称,如:图 1……;表 1……。若有复杂图表,不便在正文中排印者,请附在文末,并注明序号及名称,如:附图 1……;附表 1……。全文图表连续编号。为保持图表的准确性,请另附 PDF 版。

7. 文中采用国际音标,请加方括号,声调用五度标调法,标于音标右上角,如:好[xau^{214}]。采用汉语拼音,声调则用调号,如:nǐ hǎo。

8. 行文中引用原文者,请加"";引文独立成段者,请用楷体,第一行空四格,第二行以下空两格。

9. 注释采用尾注。注释号码用带圈阿拉伯数字右上标,如:完形①。请勿用自动标注。

10. 注明引文或观点出处,可采以下方式:

若所引之文或观点发表在期刊上,则为:陆俭明(1980)……;若所引之文或观点出自著作之中,则为:陆俭明(1993,84—85)……,逗号后的数字为页码,下同;若在所引之文后面用括号注明出自期刊或著作中的观点,则为:……(陆俭明 1980),或 ……(陆俭明 1993,84);若所转述的观点为不同的人持有,则为:……(Corder 1981;Krashen 1981);或 ……(James 1980;Ellis 1986,18—41)。三个作者及以上的,中文文献用第一作者加"等",如:朱德熙等(1961);外文文献用第一作者加 et al.,如:Tomasello et al. (1984)。

11. 重要术语:首次在国内语言学期刊上出现的术语须在括号内附上外文原文,但同一术语的外文原文不要重复出现。

12. 参考文献请按以下方式处理:

中文、日文文献排在西文文献之前;外文译著按中文文献处理;相同语种的文献按作者姓名的汉语拼音顺序或英文字母顺序排列;西文作者姓在前,名在后,姓名之间用逗号隔开。文献的作者或编者须全部列出,具体情况:(1)独立作者或编者的文献则使用完整姓名;(2) 两个以上作者或编者之间中文文献统一使用顿号,如(史地夫、金磊、王晖),外文文献统一使用&(不用 and),如 Cole, P. & Morgan, J.;(3)外文参考文献有多个作者时,均姓氏排前,后跟名字的首字母,如 Hauser, M., Chomsky, N. & Fitch, W.。具体格式如下:

中文著作:陆俭明(1993)《现代汉语句法论》,商务印书馆。

中文期刊:李晓琪(1995) 中介语和汉语虚词教学,《世界汉语教学》第 4 期。

中文文集:彭聃龄(2003) 汉字识别与连接主义模型,《对外汉语研究的跨学科探索》(赵金铭主编),191—206 页,北京语言大学出版社。

会议论文:柯彼德(2012) 关于中国语言与文化在全球化世界中的地位和作用的若干思考,北京论坛(2012)文明的和谐与共同繁荣:"文明的构建:语言的沟通与典籍的传播"语言分论坛论文及摘要集,64—74 页,2012.11.02,北京大学。

英文著作:Kramsch, C. (1993) *Context and Culture in Language Teaching*. Oxford: Oxford University Press.

英文期刊:Martin, M. (1984) Advanced vocabulary teaching: The problem of synonyms. *Modern Language Journal*, 68, 130—137.

英文文集:Searle, J. (1975)Indirect speech acts. In Cole, P. & J. Morgan (eds.). *Speech Acts*, 59—82. New York: Academic Press.

学位论文:金沛沛(2017)《汉语学习词典语用信息的选取与呈现研究》,北京大学博士学位论文。

研究报告:Cumming, A., Kantor, R., Baba, K., Eouanzoui, K., Erdosy, U. & James, M. (2006) Analysis of discourse features and verification of scoring levels for independent and integrated prototype written tasks for the new TOEFL test. TOEFL: Monograph Report No. 30.

网络文章:Sanders, N. (2003) Opacity and sound change in the Polish lexicon. http://sanders.phonologist.org/diss.html.(访问日期:××年××月××日)